NOUVELLE THÉORIE
DE
LA COUPE

PAR

H. C. DE LA BYÉ

PROFESSEUR

OUVRAGE ORNÉ DE 11 FIGURES & DE 140 DESSINS

— DÉPOSÉ —

Tous Droits de Reproduction et de Traduction réservés en France et à l'Étranger

---

TROISIÈME ÉDITION

PARIS
11, RUE SAINTE-ANNE, 11

Les formalités voulues par la loi ayant été remplies, toute contrefaçon sera rigoureusement poursuivie

1869

AVERTISSEMENT

L'étude de l'art de la Coupe a toujours été pour moi l'objet d'un travail incessant.

Comme Professeur, mes cours ayant été suivis par une quantité d'Élèves telle que je devais y voir la preuve certaine du succès de ma Théorie; et, comme Coupeur, attaché aux maisons de premier ordre, j'ai pu acquérir une longue expérience pratique et approfondir tous les secrets de cette science; car c'en est une véritable que de pouvoir démontrer rapidement et sûrement une Méthode qui prévoit toutes les difficultés, et de mettre à même tous les Élèves d'en faire dans tous les cas, une facile application.

Je n'ai voulu publier mon ouvrage qu'après l'avoir bien approfondi, et j'ai préféré en retarder l'impression plutôt que de risquer d'en laisser une partie incomplète. C'est donc à la suite d'études persévérantes, que je suis parvenu à ramener à un système unique tous les tracés que peut occasionner la variété infinie des conformations, et à rendre ainsi l'étude de la Coupe plus simple, et, par conséquent, plus facile pour les Élèves.

Une double difficulté se présente, pour quiconque veut démontrer cette science : donner une Méthode trop élémentaire, et pouvant laisser le Coupeur embarrassé devant quelque grande difficulté, ou trop compliquée, et devenant ainsi inutile, et d'une application difficile pour les cas ordinaires. J'espère être parvenu à éviter complétement ces deux écueils.

Toute ma **NOUVELLE THÉORIE DE LA COUPE** est basée sur la grosseur de poitrine, dont la mesure sert de point de départ pour tracer tous les vêtements, pour hommes comme pour femmes, et au moyen de laquelle on donne à ces vêtements un aplomb parfait.

Avant de livrer mon travail au public, je me suis surtout attaché à le dégager de toute explication inutile, et à le simplifier, autant que possible; car ma Méthode, tout en restant suffisante pour les cas ordinaires, se développe d'elle-même, et atteint les plus grandes difficultés résultant des difformités. Dans une partie de ce livre, je donne également la manière d'opérer au moyen des mesures, afin que mon ouvrage, suivant le but que je n'ai cessé de me proposer, soit plus complet que toutes les publications traitant de la Coupe qui l'ont précédé, et contienne tous les moyens les plus certains pour arriver à une Coupe parfaite.

Je crois donc pouvoir dire que ma **NOUVELLE THÉORIE DE LA COUPE** sera maintenant le guide le plus sûr et le plus complet du praticien exécutant pour les structures les plus difficiles à habiller, comme pour les modes les plus variées.

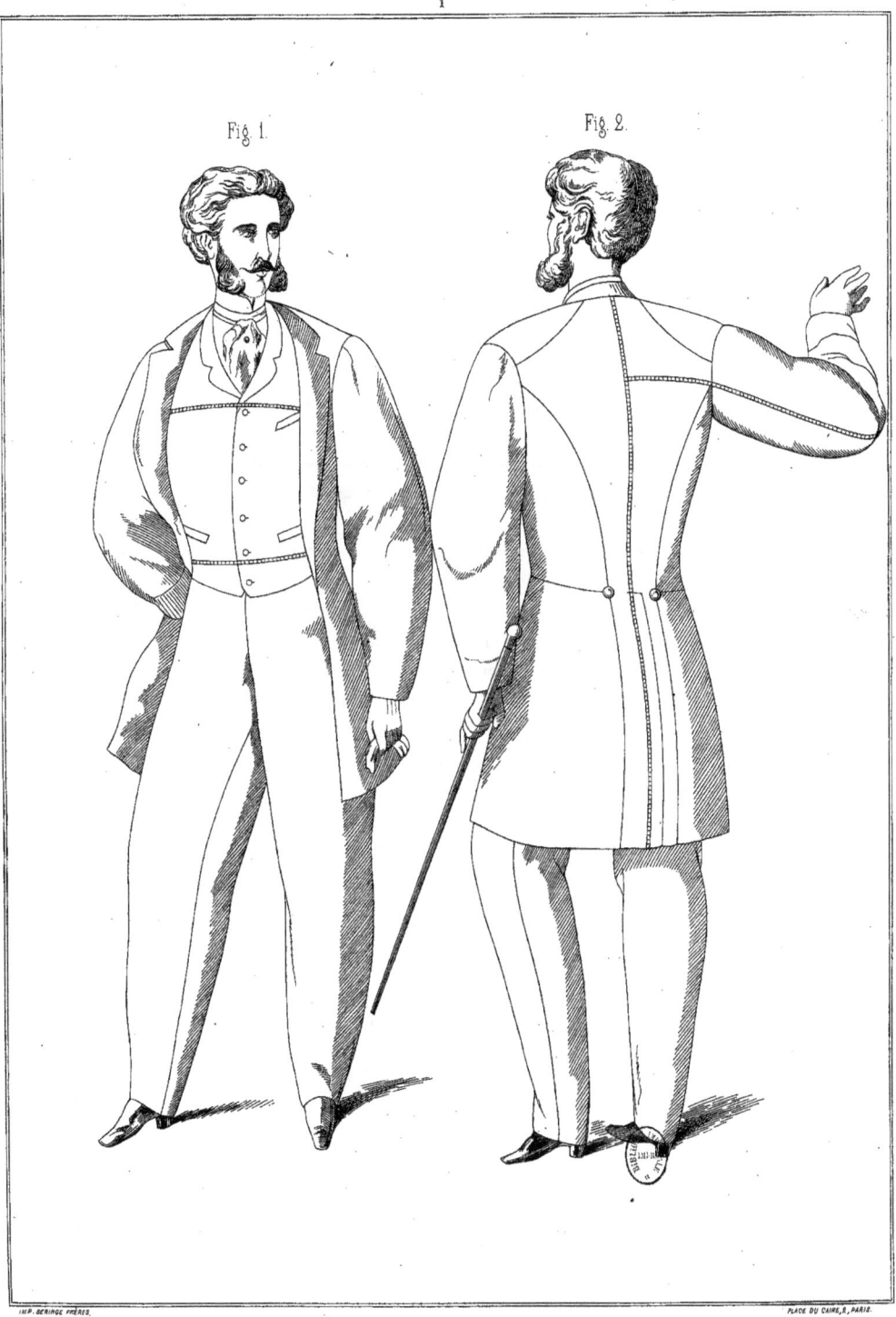

MESURES SIMPLES

Pour une grande pièce, vous n'avez besoin d'appliquer que quatre fois le ruban métrique sur le client. Voyez ces mesures indiquées sur les deux figures ci-contre.

La première, et la plus utile, est la grosseur de poitrine, qui se prend en passant le ruban métrique tout autour du corps sous les bras, en le montant aussi haut que possible. Cette mesure se prend sur le gilet, juste, plutôt serrée que lâche. (FIG. 1.)

La deuxième, pour la grosseur de taille, en passant le ruban métrique autour de la taille, de la largeur que l'on désire donner au vêtement tout fini. (Même figure.)

La troisième est la longueur ; elle se prend depuis le haut du dos, jusqu'à la longueur qu'on veut donner à la taille, et de là, jusqu'au bas, à la longueur que désire le client. (FIG. 2.)

La quatrième, pour la longueur de la manche, se prend depuis le milieu du dos sur la carrure, jusqu'à sa largeur nécessaire, puis, sans désemparer, jusqu'au coude, et enfin jusqu'au bas de la manche. (FIG. 2.)

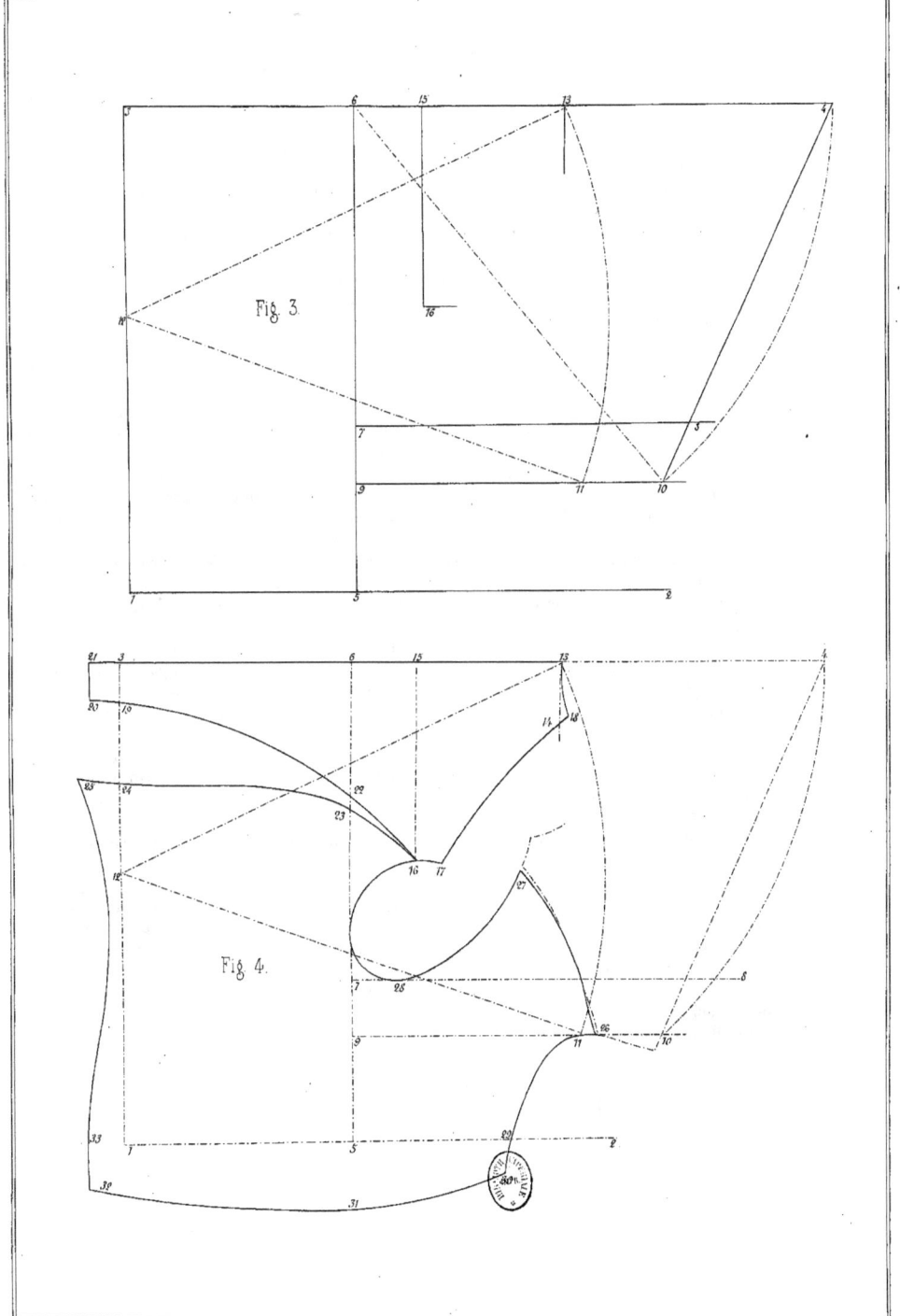

TRACÉ DU CORSAGE

Pour tracer un devant, tirez premièrement une ligne droite, comme la ligne 1-2 (FIG. 4); sur l'extrémité gauche de cette ligne, qui représente le point 1, élevez la ligne d'équerre 1-3, d'une longueur égale à la moitié de la grosseur totale de poitrine, en ajoutant un centimètre de plus. Sur l'extrémité de cette seconde ligne, élevez encore une ligne d'équerre 3-4. Après avoir ainsi formé ces trois lignes, vous mettez la moitié de grosseur de poitrine sur la première de 1 à 5, en partant du point 1, et montant vers le point 2. Faites une ligne d'équerre sur ce point 5. Cette quatrième ligne est la ligne 5-6; sur cette dernière ligne, mettez les 2/3 de gr. de poitrine, de 6 à 7, et sur ce point élevez la ligne d'équerre 7-8.

Mettez 1/8 de gr. de poitrine de 7 à 9, et élevez la ligne d'équerre 9-10. Placez le premier chiffre du ruban métrique sur le point 9, et, vous dirigeant vers le haut, marquez le point 11, là où portera la moitié de la gr. et le point 10, là où porteront les 2/3. Sur la ligne du bas, mettez la 1/2 et 1 1/12 de gr. de poitrine de 1 à 12, ce qui fait 28 cent. pour une gr. de 48. Prenant ensuite le point 12 pour centre et 11 pour rayon, tirez l'arc 11-13; le point 13 forme la hauteur du dos. Sur ce point 13, élevez la petite ligne d'équerre 13-14; de 13 à 14, mettez 1/8 de gr. de poitrine; de 13 à 15, vous mettez 1/4 plus 1/16 de la même gr., ce qui fait 15, pour une gr. de 48. Sur le point 15, élevez la ligne d'équerre 15/16, pour votre carrure, qui doit avoir 1/4 et 1/6 de gr. de poitrine, vous aurez ainsi 20 cent. pour 48. Cette carrure, une fois les deux coutures prises, se trouvera réduite à 19 cent., qui est la largeur la plus adoptée. Faites ensuite la petite ligne 16-17, plus ou moins longue, suivant le goût ou la mode (cette ligne se fait ordinairement de 3 ou 4 cent.). Tracez ensuite la courbe 17-14 jusqu'au point 18, qui se fait un centimètre plus haut que ce point 14; puis la courbe 18-13.

Après avoir ainsi tracé le haut du dos, posez la longueur de la taille de 13 à 21, et mettez généralement 4 à 5 cent. pour la largeur du bas du dos, de 3 à 19. Tracez ensuite la courbe 16-20, passant par le point 19; la courbure de cette ligne varie suivant le goût ou la mode. Le dos ainsi tracé, vous mettez 1/6 de gr. de poitrine d'ouverture entre le dos et le petit côté de 19 à 24. Tracez après la courbe 16-25, passant par les points 23 et 24, et de la même longueur que le dos (il faut avoir soin de laisser un cent. 1/2 d'ouverture de 22 à 23). Prenez ensuite le point 6 pour centre et 10 pour rayon; tracez l'arc 10-4, et joignez les points 10-4 par une ligne droite. Découpez alors le dos, et accolez-le sur cette dernière ligne 10-4, de manière que son angle 18 pose juste sur la ligne 9-10. Tracez après l'épaulette du devant en suivant la même courbe que celle du dos; vous la creuserez légèrement près de l'encolure, telle que vous la représente la FIG. 4, afin de dégager un peu l'épaulette. Vous quitterez le dos en arrivant près de l'emmanchure, afin de laisser une ouverture d'un centimètre au point 27. Ayant ainsi formé l'épaulette, tracez la courbe 27-16, pour l'emmanchure, qui doit toucher au point 28, à 5 cent. plus haut que le dessous des bras, et telle que la représente la FIG. 4. Pour la hauteur d'encolure, mettez 1/3 de gr. de poitrine de 5 à 29. Tracez alors l'encolure, par la courbe 26-30, passant par les points 11 et 29. De 5 à 31, mettez 1/8 de gr. de poitrine, autant en bas, de 1 à 32, et la moitié de ce 1/8 au haut, de 29 à 30, si vous voulez que la pièce puisse se boutonner du haut. Si, au contraire, vous voulez avoir un renversement large, vous sortez davantage le point 30, et vous remontez l'encolure de la moitié de ce que vous aurez sorti. Pour le devant, tracez la courbe 30-32, passant par 31. Pour la longueur de ce devant vous mettrez la même, de 1 à 33, que celle de derrière, de 24 à 25. Enfin, tracez, pour la taille, la courbe 32-25, passant par 33, telle que la représente la FIG. 4, en laissant le devant presque droit et creusant légèrement sur la hanche.

Il est essentiel, pour une tenue ordinaire, de ne pas creuser de plus d'un centimètre le suçon du dessous de bras qui forme le petit côté.

La FIG. 3 représente le plan du tracé.

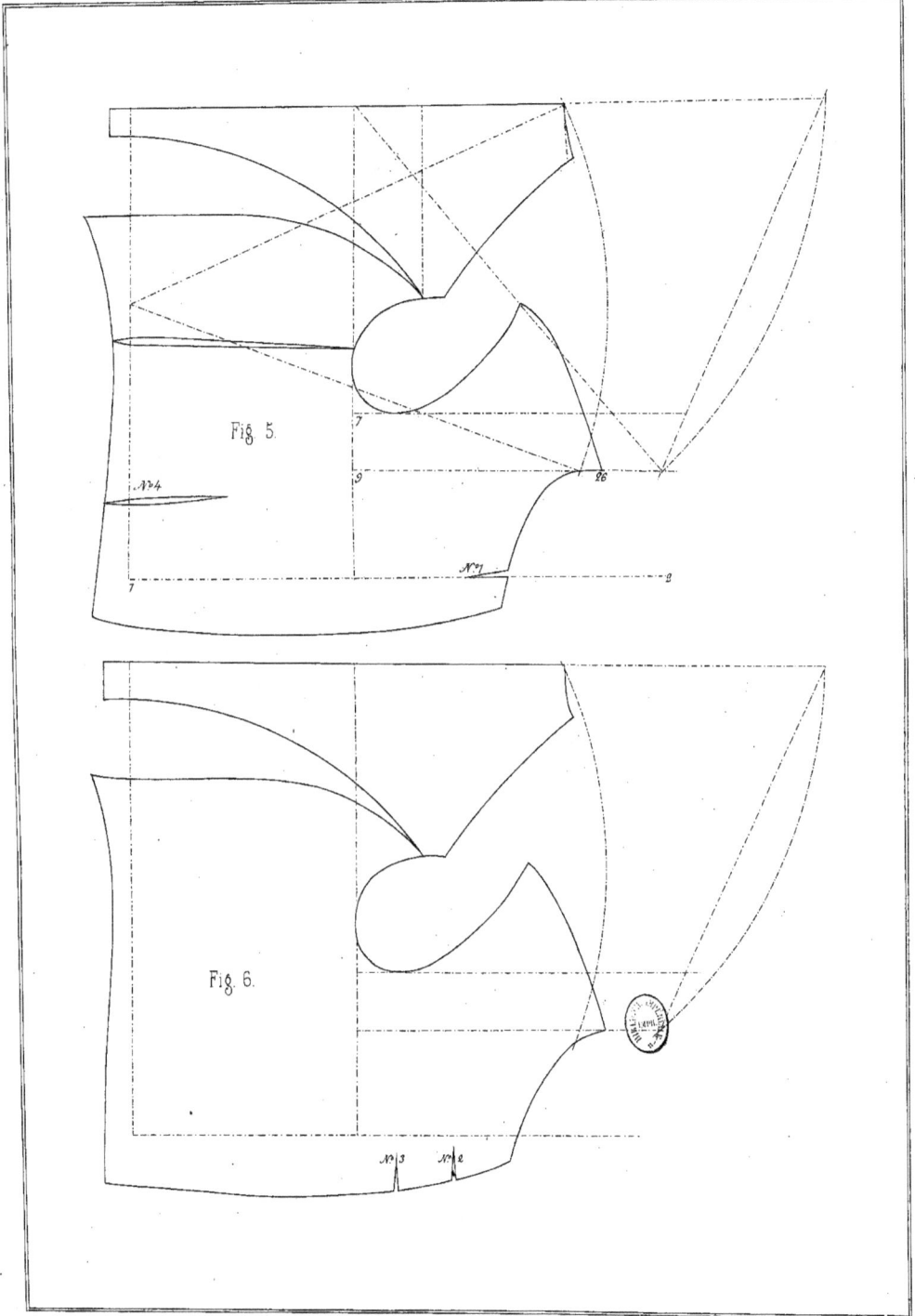

HOMME MINCE

CORSAGES AYANT BESOIN DE SUÇONS

La FIG. 5 représente le corsage d'un homme mince de taille.

Quand, après avoir opéré de la manière que nous avons indiquée, vous trouverez trop de largeur au bas du devant, pour la grosseur de la taille, vous ne devrez pas, pour cela, rentrer le derrière du petit côté de plus de 1/6, si vous n'avez pas de mesure de cambrure; mais, dans ce cas, vous pourrez enlever un centimètre et jusqu'à un centimètre 1/2 au bas du suçon du dessous de bras, comme le représente la FIG. 5. Puis, si cela ne suffit pas, vous pourrez faire un suçon au bas du devant (tel est le suçon n° 4), et même encore, au besoin, abattre un centimètre au devant.

Nous engageons vivement nos Élèves à ne pas prendre l'habitude de suçonner les vêtements, par cette raison que, si un suçon placé à propos fait bien pour certaines conformités, il fait très-mal s'il est inutile. Nous en tirons la conséquence, qu'il vaut mieux s'abstenir de faire des suçons que de les faire sans besoin absolu. Voici, du reste, une règle qui, bien comprise, donnera toujours d'excellents résultats. Quand la pointe d'épaulette 26 (FIG. 5) se trouvera plus éloignée de la ligne 1-2 qu'un quart moins un centimètre, ce qui fait 11 pour 48, il est nécessaire de faire le suçon n° 1 (FIG. 5) à l'encolure, ou les deux au devant (FIG. 6). Si la pointe de l'épaulette est éloignée de la ligne 1-2 d'un quart moins un centimètre, 11 pour 48, le suçon n° 2, au devant de cette figure, suffira. De cette façon, moins vous aurez d'avancement de bras, ce qui prouve généralement un homme ayant de la poitrine, plus la pointe d'épaulette restera éloignée de la ligne 1-2, et par cela même vous indiquera le besoin de suçons.

Quand, au contraire, il n'y aura qu'un cinquième de grosseur de poitrine, soit 10 pour 48 de distance entre l'épaulette et la ligne 1-2, vous ne devez pas faire de suçon; car l'épaulette ne sera pas si près de cette ligne que par l'avancement de bras indiquant un homme voûté qui, n'ayant pas de poitrine, n'aura pas besoin de suçons.

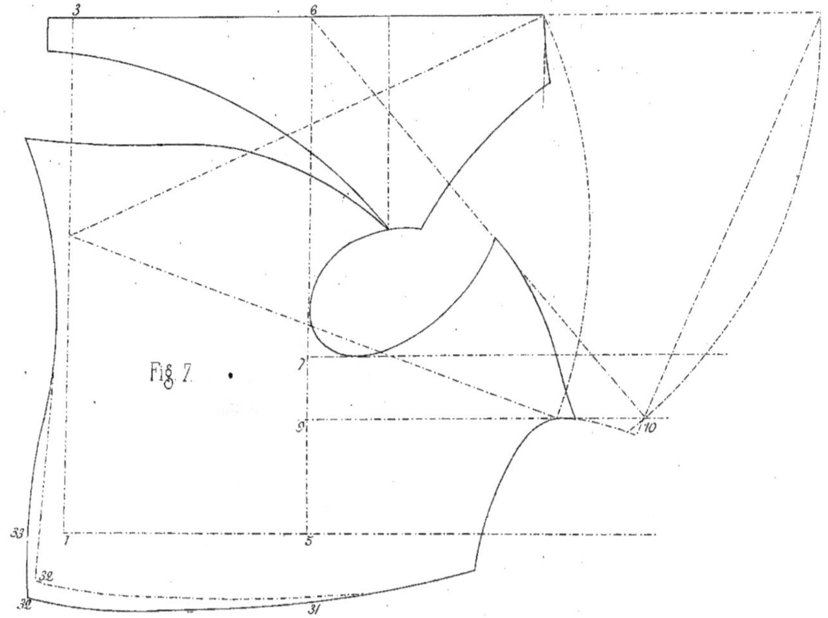

Fig. 7.

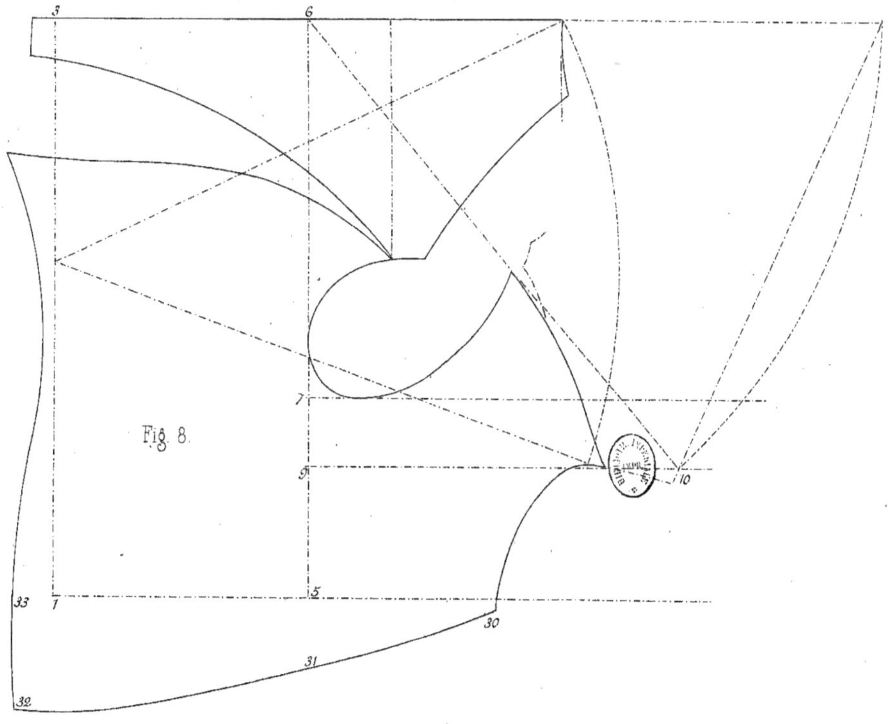

Fig. 8.

HOMME GROS

Pour l'homme gros, vous ferez sur la grosseur de poitrine les points en travers, c'est-à-dire allant du dos au devant, comme pour tout autre. De 1 à 5, quand vous n'avez pas de mesure, ne mettez pas plus de 25 centimètres. Pour la profondeur de l'emmanchure, comme il ne faut pas, ordinairement, mettre les 2/3 de la grosseur, vous devrez vous fixer sur la table ci-dessous ; nous avons fait cette table suivant les mesures obtenues le plus généralement pour les personnes des grosseurs indiquées et qui ne sont pas proportionnées. Rapprochez le dos du petit côté, appliquez votre grosseur de taille, et sortez du devant ordinaire ce qui vous manquera, en laissant toujours, comme pour tout autre, de quoi faire les coutures et remplis (FIG. 7 et 8) Comme le ventre emporte de la longueur, laissez le bas de ce devant un peu plus long au point 33, ainsi que vous le démontre la FIG. 7. La FIG. 8 représente un modèle tracé pour une grosseur de 54 de poitrine.

Pour une grosseur de poitrine de.......			50	profondeur	33
»	»	»	52	»	34
»	»	»	54	»	35
»	»	»	56	»	36
»	»	»	58	»	37
»	»	»	60	»	38
»	»	»	62	»	39
»	»	»	64	»	40

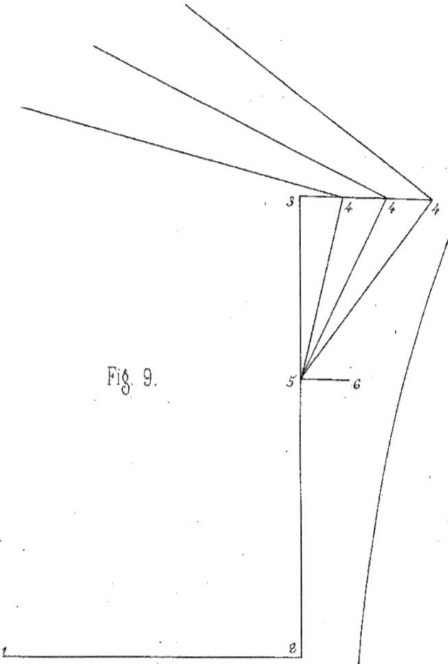

Fig. 9.

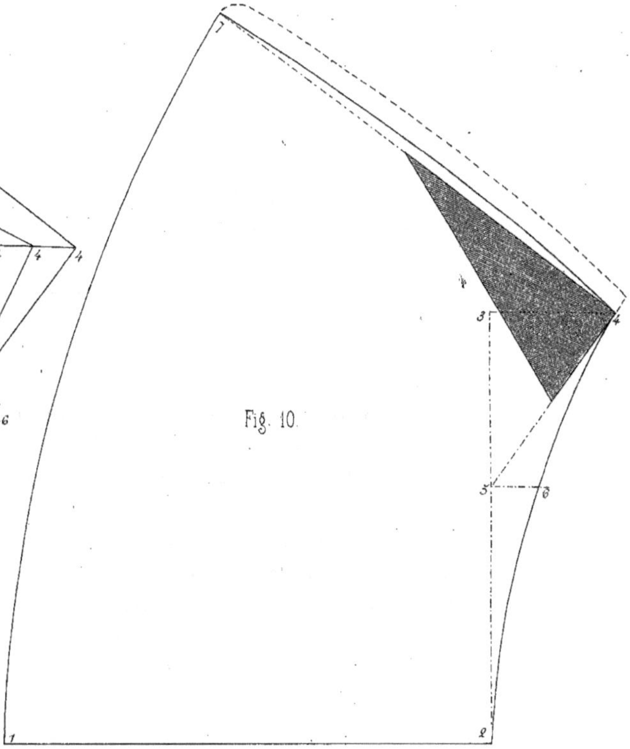

Fig. 10.

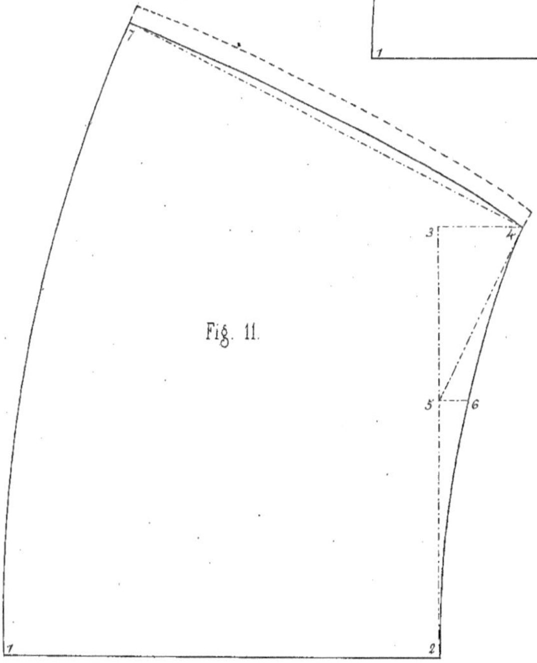

Fig. 11.

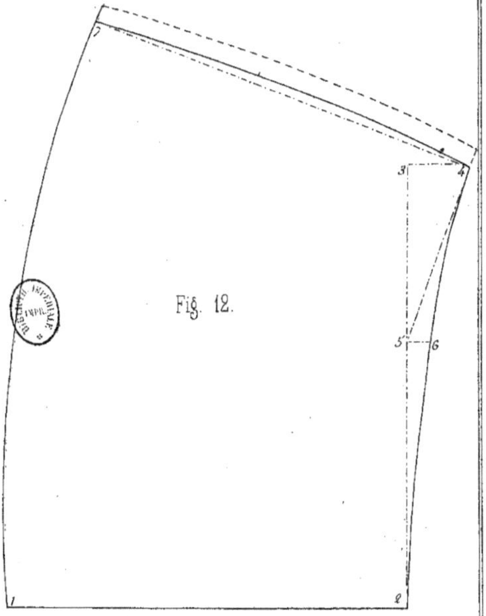

Fig. 12.

JUPES DE REDINGOTE

Si vous voulez avoir une jupe ample (FIG. 10), tracez la ligne droite 1-2, puis la ligne d'équerre 1-3, d'une longueur égale à la grosseur de la taille. Sur le point 3, élevez la ligne d'équerre 3-4, d'une longueur égale au 1/4 de la grosseur de poitrine. De 3 à 5, mettez un 1/3 de grosseur de poitrine. Sur ce point 5, élevez la petite d'équerre 5-6. Joignez alors les deux points 4-5 par une ligne droite, puis accolez l'équerre sur cette ligne droite, et tirez la ligne 4-7 en suivant son côté droit. De 5 à 6, mettez le 1/3 de la ligne 3-4, et tracez la courbe 2-4, passant par 6. Pour tracer le bas, mettez sur toute leur longueur la même distance entre les courbes 2-4 et 1-7. Cette jupe, représentée par la FIG. 10, est aussi large qu'on peut la désirer.

Quand vous voudrez faire une jupe moins large, au lieu de mettre 12 centimètres pour 48, de 3 à 4, vous mettrez moins, suivant que vous voudrez avoir moins d'ampleur. La FIG. 11 représente une jupe ordinaire ; elle a 8 centimètres pour 48, c'est-à-dire 1/6 de grosseur de 3 à 4.

La FIG. 12 représente une jupe encore moins large, elle a 1/8, ou 6 centimètres pour 48, de 3 à 4.

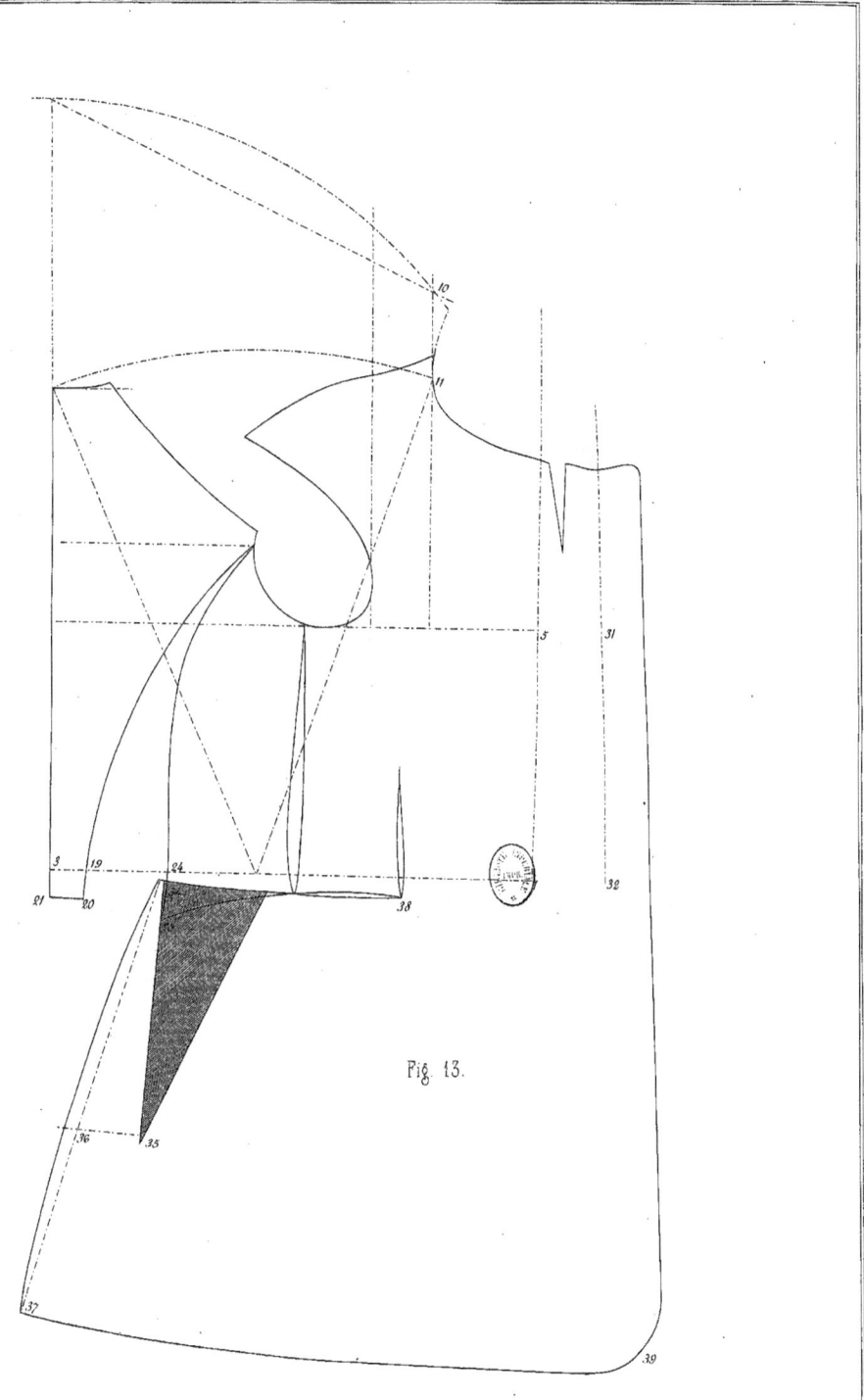

Fig. 13.

DORSAY

Les lignes de construction du Dorsay se tracent comme pour une autre pièce. Vous mettez au devant, à la hauteur de la taille, 3 centimètres pour 48, de plus qu'à un autre corsage, de 1 à 32, par la raison que ce vêtement, n'étant pas coupé à la taille sur le devant, ouvrirait du bas sans ce surplus de largeur. Si, au contraire, vous désirez qu'il ouvre, vous devez le laisser droit du devant, c'est-à-dire ne rien ajouter en plus de la largeur ordinaire. Vous tracez le suçon, qui forme le petit côté, comme à un corsage ordinaire, et, si la personne est un peu mince de taille, ou que seulement elle désire que ce vêtement la lui dessine, il est très-urgent de faire le suçon 38, que vous représente la FIG. 13, en le dirigeant vers l'emmanchure si la poitrine n'est pas saillante, et en le dirigeant, au contraire, vers la poitrine, si elle saillante.

Pour le derrière de la jupe, vous mettez 2 ou 3 cent., suivant que vous voulez avoir plus ou moins d'ampleur à la jupe. Du point 25 à 34, la FIG. 13 représente une largeur ordinaire ; il y a 1/12 de gr., c'est-à-dire 4 cent. de 25 à 34 ; tracez la courbe 38-34, pour le haut de la jupe ; puis posez un des côtés de l'angle droit de l'équerre contre cette ligne, telle que vous la représente la FIG. 13. Tracez la ligne 34-35 qui se trouvera ainsi d'équerre avec la ligne 34-38, et d'une longueur égale à la moitié de gr. de poitrine ; puis, tirant une seconde ligne d'équerre 35-36, vous mettez 1/8 de gr. de 35 à 36, et vous tirez la ligne droite 34-37 passant par 36, pour le pli, auquel vous donnez un peu de rond. Par ce procédé fort simple, d'appliquer l'équerre contre la ligne de taille de la jupe, vous les ferez aussi larges ou étroites que vous pourrez le désirer, et avec la plus grande facilité ; car, plus vous mettrez de hauteur, plus vous obtiendrez de largeur, et plus vous diminuerez la hauteur, moins vous aurez de largeur. Pour la longueur du devant, vous partez du point 10, en haut de l'encolure, passant par 11 et jusqu'au bas du devant 39, vous mettez 1/5 de gr. de poitrine en plus que la longueur totale du milieu du dos pour une tenue droite.

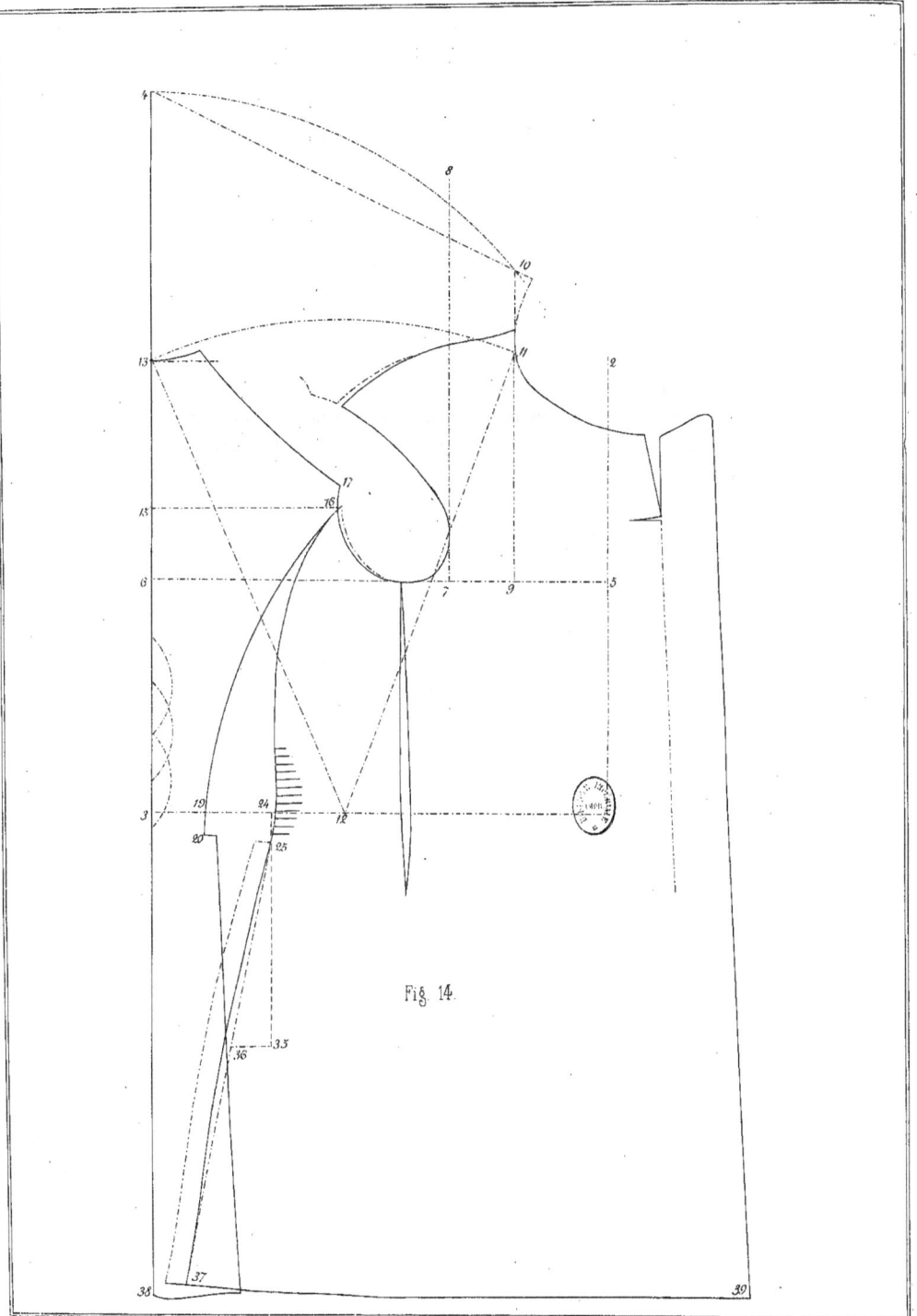

Fig. 14.

PARDESSUS

Pour ce genre de vêtement, les lignes de constructions 1-2, 1-3, 3-4, 5-6 et 7-8, se tracent, comme pour le devant ordinaire. De 7 à 9, il faut un centimètre de plus que pour le corsage ordinaire, afin que l'épaulette se trouve un peu plus droite. Les points 10 et 11 ne varient pas; le point 12 se marque un cent. plus en arrière; vous devrez donc mettre 29 cent. pour 48, de 1 à 12, afin d'obtenir plus de dos. Généralement, le bas du dos se trace plus large; celui de la FIG. 14 est représenté par une largeur de 7 cent. La ligne 13-38 se fait toute droite au pli de l'étoffe; le dos doit se rentrer au fer légèrement, au creux des reins et à l'endroit qui est indiqué par des ronds pointillés. De 19 à 24, vous mettez un cent. de moins d'écartement, c'est-à-dire 7 cent. 48, au lieu de 8; ce qui donne un cent. de largeur de plus dans les reins; cela est nécessaire pour ce genre de vêtement, qui pourrait, sans cela, toucher trop fort à la taille. Puis vous tirez la ligne d'équerre 24-35, passant par 25, d'une longueur égale à la moitié de gr. de poitrine; enfin, la petite ligne d'équerre 35-36; et de 35 à 36 1/12 de gr., ce qui fait 4 cent. pour 48; vous marquez après la longueur de la courbe du petit côté, de 16 à 25, par la longueur de celle du dos 16-20; posant ensuite la règle sur les points 25 et 36, vous tirez une ligne droite que vous prolongez jusqu'au bas 37; vous sortez un peu de rond pour le derrière et laissez en plus de quoi faire le pli. Il faut tenir la partie du derrière de 16 à 37, un peu plus courte que le dos, par la raison que ce que vous tendez au creux des reins la rallonge.

Il est aussi indispensable, si c'est pour un homme dont la taille est dessinée, ou même seulement si l'on ne veut pas que le paletot tombe tout droit et sans aucune grâce, de faire un suçon au-dessous du bras. Plus vous le ferez fort à l'endroit du creux de la taille, et moins vous aurez besoin de tendre derrière à l'endroit marqué à la FIG. 14. Vous sortirez le crochet 16 pour qu'en creusant sous le bras le petit côté ne devienne pas trop bas. Pour la longueur du devant, mettez 1/5 de gr. de plus que la longueur du milieu du dos, comme pour le Dorsay (FIG. 13).

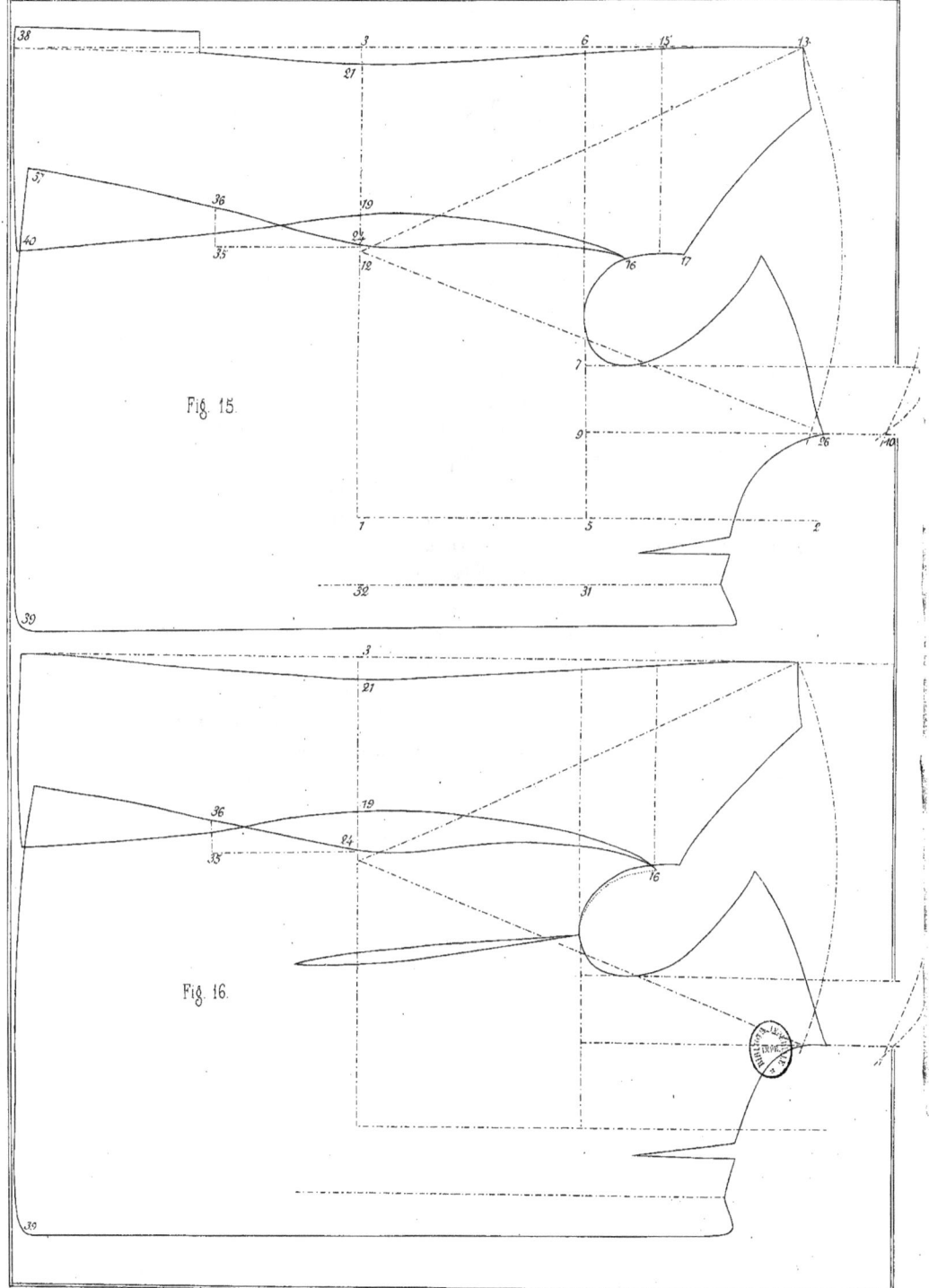

Fig. 15.

Fig. 16.

PALETOT TROIS COUTURES

FIG. 15. Pour ce genre de vêtement, on doit tracer les lignes de construction, comme pour un corsage ordinaire; mettez 1 centimètre de plus d'avancement de bras, de 6 à 7, ce qui fait 33 pour 48; de 7 à 9, 1 cent. de plus que le corsage ordinaire, ce qui fait 7 cent. pour 48, parce qu'il faut que ce vêtement ait l'épaulette plus droite. Quoiqu'il faille plus de hauteur de dos, vous faites le point 12 comme à l'ordinaire, car vous obtenez assez de hauteur par l'avancement de l'épaulette. Rentrez 1 cent. 1/2 à la taille, de 3 à 21 ; de 21 à 19, 1/3, 16 pour 48. Mettez 1 cent. de plus de largeur qu'au corsage ordinaire, à la carrure, et reportez cette même largeur en bas de 38 à 40, ce qui fait 21 cent. Tracez alors la courbe 16-40, creusée légèrement de 16 à 19, et arrondie un peu de 19 à 40, pour le rond du derrière; de 19 à 24, rentrez 1/16, 3 pour 48; sur ce point 24, abaissez la ligne d'équerre, 24-35, d'une longueur d'un tiers, et faites la ligne d'équerre 35-36, comme pour le dorsay, de 35 à 36 1/12, 4 pour 48. Tracez ensuite la ligne 16-37, passant par les points 24 et 36. Comme la partie creuse des reins doit être tendue, il faut faire le côté plus court que le dos. De 5 à 31, mettez 7 cent. pour la poitrine ; pour la taille, rapprochez le dos du côté, mettez de 21 à 32, la largeur de taille d'une pièce ajustée, et en plus 1/6 de cette largeur. Après, vous laissez encore de plus la largeur que vous voudrez donner à la croisure. Si la largeur de la taille et son 1/6 n'arrivaient pas au point 32, comme ce vêtement doit toujours tomber droit, on ne doit pas le rentrer, et il faut le laisser flotter ; pour un homme gros, vous sortez le point 32 autant que la mesure vous l'indiquera.

La **FIG. 16** représente le même genre de vêtement plus ajusté. Le dos à la taille est rentré de 2 cent., et il est un peu plus étroit. De 19 à 24 il faut rentrer de 4 à 5 cent. Il est essentiel de faire le suçon sous les bras et de sortir le petit côté à l'emmanchure, au point 16, comme vous l'indique le crochet pointillé, par la raison que le suçon le fait descendre. Il est bien entendu que plus le suçon sera fort, plus vous sortirez, afin de lui conserver autant de hauteur que si vous n'en faisiez pas.

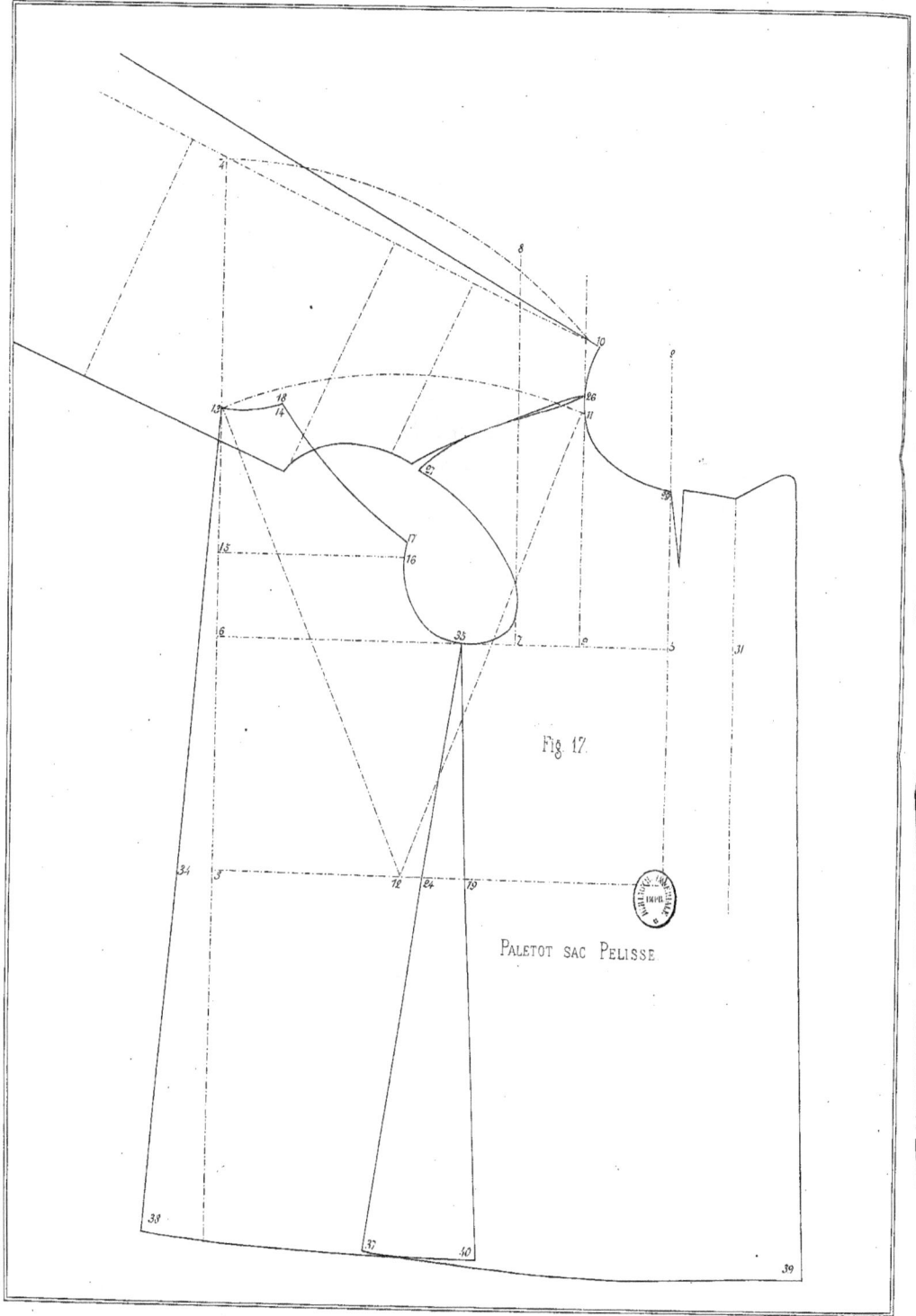

Fig. 17.

PALETOT SAC PELISSE

PALETOT-SAC-PELISSE

Pour le paletot-sac (FIG. 17), vous tracez les lignes 1-2, 1-3 et 3-4, comme pour une pièce ordinaire, ainsi que la ligne 5-6. De 6 à 7, mettez 2/3 de la grosseur, et de 7 à 9, 1/8 et 1 centimètre, soit 7 cent. pour 48. Élevez les lignes d'équerre 7-8 et 9-10. Les points 10, 11 et 12 se forment comme pour un autre corsage. Vous opérez donc de même, pour obtenir la hauteur du dos et la ligne 10-4. Élevez aussi, comme d'ordinaire, les lignes 13-14 et 15-16. Mettez 1 cent. de plus à la largeur de carrure. A la taille, de 3 à 34, sortez un surplus de largeur de 4/16 de grosseur, 3 cent. pour 48, et tirez pour le milieu du dos la ligne 13-38, passant par 34. De 3 à 19, mettez la 1/2 et 1/12 de gr. de poitrine, qui fait 28 pour 48 ; et tirez la ligne droite 35-40, passant par 19. De 19 à 24, vous mettez ordinairement 1/8 de gr., et vous tirez la ligne droite 35-37, passant par 24. Cette ligne, qui forme le dessous de bras du devant, doit être de même longueur que le côté du dos 35-40. Pour tracer l'épaulette, vous pliez toute la portion du dos qui sort de la ligne 13-3, de manière à poser la ligne 13-3 sur la ligne 10-4, tel que vous le représente la FIG. 17. Sur le devant, vous sortez 7 cent., de 5 à 31, et vous mettez la croisure en plus. Pour le bas, surtout pour un homme dont le ventre est gros, vous sortez plus en bas qu'en haut. Le milieu du dos se fait sans couture au pli de l'étoffe. Si on désire le vêtement plus large, on sort davantage au milieu du dos en bas en mourant jusqu'au haut et de même au côté.

SOLFERINO

La FIG. 18 représente un solferino, qui se trace comme le paletot-sac, excepté la largeur, pour laquelle vous ne mettez que 2 ou 3 cent. de 3 à 34, et de même au côté de 37 à 40. La longueur du devant se fait comme celle du dorsay. (FIG. 13.) Le bas du devant doit être abattu afin d'ouvrir. Le modèle représente un solferino dont les boutons sont placés au bord ; si on désire les avoir plus loin, on laisse plus de croisure.

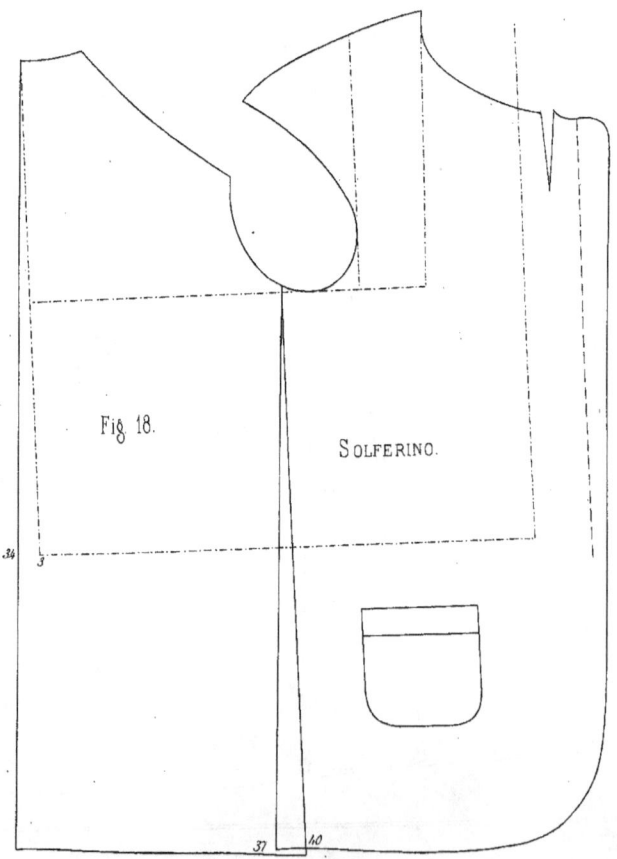

Fig. 18. SOLFERINO.

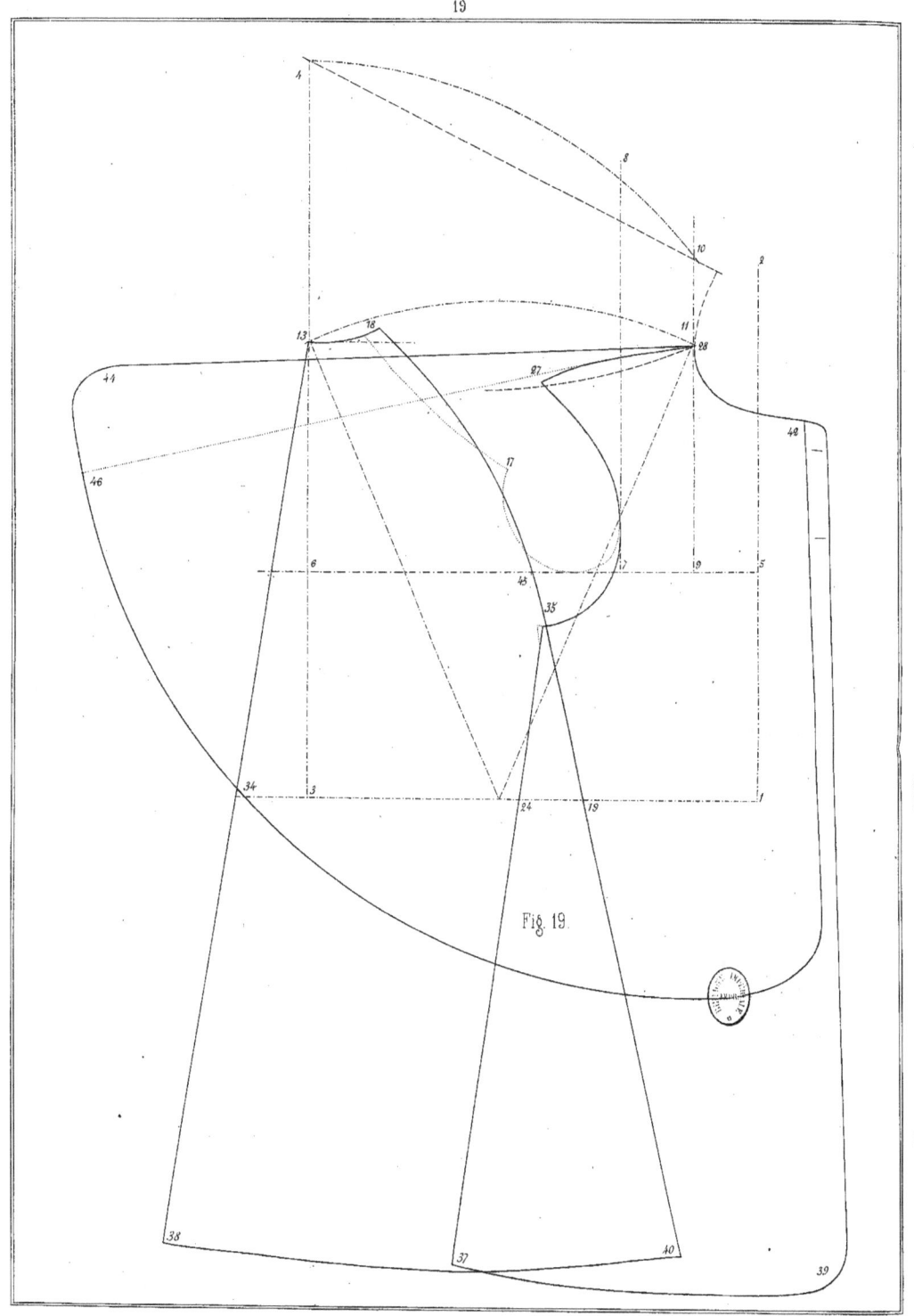

Fig. 19.

MAC-FARLAN.

Pour ce vêtement (FIG. 19), tracez les lignes 1-2, 1-3, 3-4 et 5-6, suivant les principes ordinaires. De 6 à 7, mettez 2/3, et 2 centimètres 34 pour 48; et de 7 à 9, 1/6 de grosseur de poitrine, 8 pour 48. A la taille, vous sortez le dos de 1/6, 8 pour 48, de 3 à 34.

La carrure prend 2 cent. de largeur de plus qu'une autre pièce. Le haut du dos, de 13 à 18, est 2 cent. plus large; mettez de 6 à 45 la moitié de la gr. de poitrine, et de 3 à 19 la 1/2 et 1/8, qui fait 30 pour 48. Tracez le dos par la courbe 18-40, passant par 45 et 19. Le coin de la carrure 17 se trouve abattu de 1 cent. Pour le devant, baissez l'emmanchure de 1/8, de 45 à 35. A la taille, mettez 7 cent. de 19 à 24, et tirez la ligne droite 35-57, passant par 24, pour le dessous de bras du devant. Placez ensuite le dos comme le paletot-sac, de manière que la ligne 3-13 soit posée sur la ligne 4-10; tracez l'épaulette en laissant un peu plus de hauteur du côté de l'emmanchure. Tracez enfin l'emmanchure telle que vous la représente la FIG. 19.

Pour la pèlerine (même fig.), vous tirez la ligne droite 26-44, partant du point d'épaulette 26 et passant 2 cent. plus haut que la pointe d'épaulette 27. Pour décrire la courbe, vous prenez le point 26 pour centre. Pour les épaules hautes, vous faites la courbe un peu plus pendante sur l'épaule pour remplacer ce que sa hauteur lui ferait perdre de longueur. Il faut avoir le soin d'avancer le point 43 du bas de la pèlerine un peu plus que du haut, pour éviter qu'elle n'ouvre, car les deux bords doivent bien se joindre du bas comme du haut; il est d'un très-mauvais goût de les voir s'écarter du bas. Si on désire mettre un peu moins d'ampleur à la pèlerine, vous pouvez tracer le derrière de cette pèlerine en suivant l'épaulette, comme la ligne pointillée 27-46. Mais il ne faut jamais la faire descendre plus bas que le point 27.

Pour la pèlerine, vous prendrez la longueur sur l'épaule, à partir de l'encolure jusque sur la main, à la longueur que le client désire, et vous mettez cette mesure à la même place sur votre modèle.

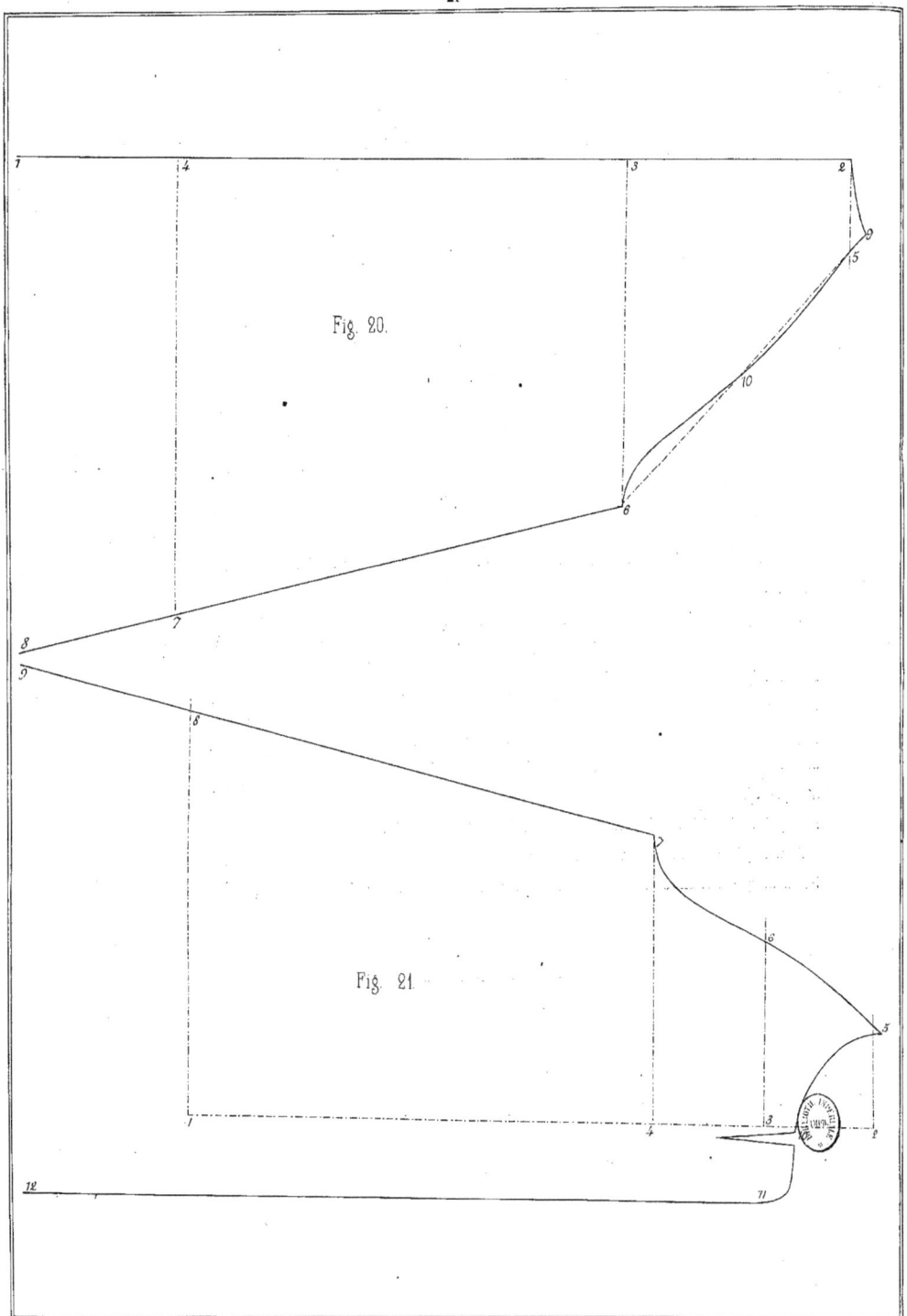

Fig. 20.

Fig. 21.

PELISSE

Pour faire le dos de la pelisse, tirez une ligne droite, telle que la ligne 1-2 (FIG. 20), de 2 à 3; mettez la moitié de grosseur de poitrine, et toute cette grosseur de 3 à 4. Élevez des lignes d'équerre sur chacun de ces trois points, en haut ligne 2-5; au point 3, la ligne 3-6; et enfin la ligne 4-7. De 2 à 1, mettez la longueur totale que vous voulez lui donner, et élevez une quatrième ligne d'équerre sur cette longueur. De 2 à 5, mettez 1/5 de gr. de poitrine. De 3 à 6, mettez les 2/3, plus 1/12, de la même grosseur; puis joignez ces deux points 5-6 par une ligne droite. De 5 à 10, mettez 1/2 de gr. de poitrine. Tracez ensuite la courbe 9-6, passant par les points 5 et 10, et en lui faisant bien suivre les mêmes contours que vous représente la FIG. 20. Le point 9 se fait 2 cent. pour 48 plus haut que le point 5. Tracez ensuite l'encolure du dos, par la courbe 9-2. De 4 à 7, mettez toute la gr. de poitrine. Ce point 7 ainsi fixé, vous tirez la ligne 6-7, que vous prolongez jusqu'au bas.

Pour le devant, tracez la ligne 1-2; de 2 à 10, mettez 1/6; de 10 à 3, 1/12; de 3 à 4, 1/4; et de 4 à 1, toute la gr. de poitrine; élevez alors les lignes d'équerre 2-5, 3-6, 4-7 et 1-8. De 2 à 5, mettez 1/5 de gr.; de 3 à 6, 1/3, plus 1/16, qui fait 19 pour 48; de 4 à 7, la 1/2 et 1/8; et enfin, de 1 à 8, les 2/3 et 1/4 de gr. de poitrine. Tirez la courbe 5-7 en passant par le point 6. Ayez soin de donner à cette ligne exactement la même courbure que celle représentée par la FIG. 21. Le point 10 sert à déterminer la hauteur de l'encolure, que vous tracez telle que la FIG. 21 la représente; pour la croisure, vous mettez 1/6 de gr., de 3 à 11. Puis vous tirez la ligne 11-12, en ayant soin de la sortir autant en bas qu'en haut.

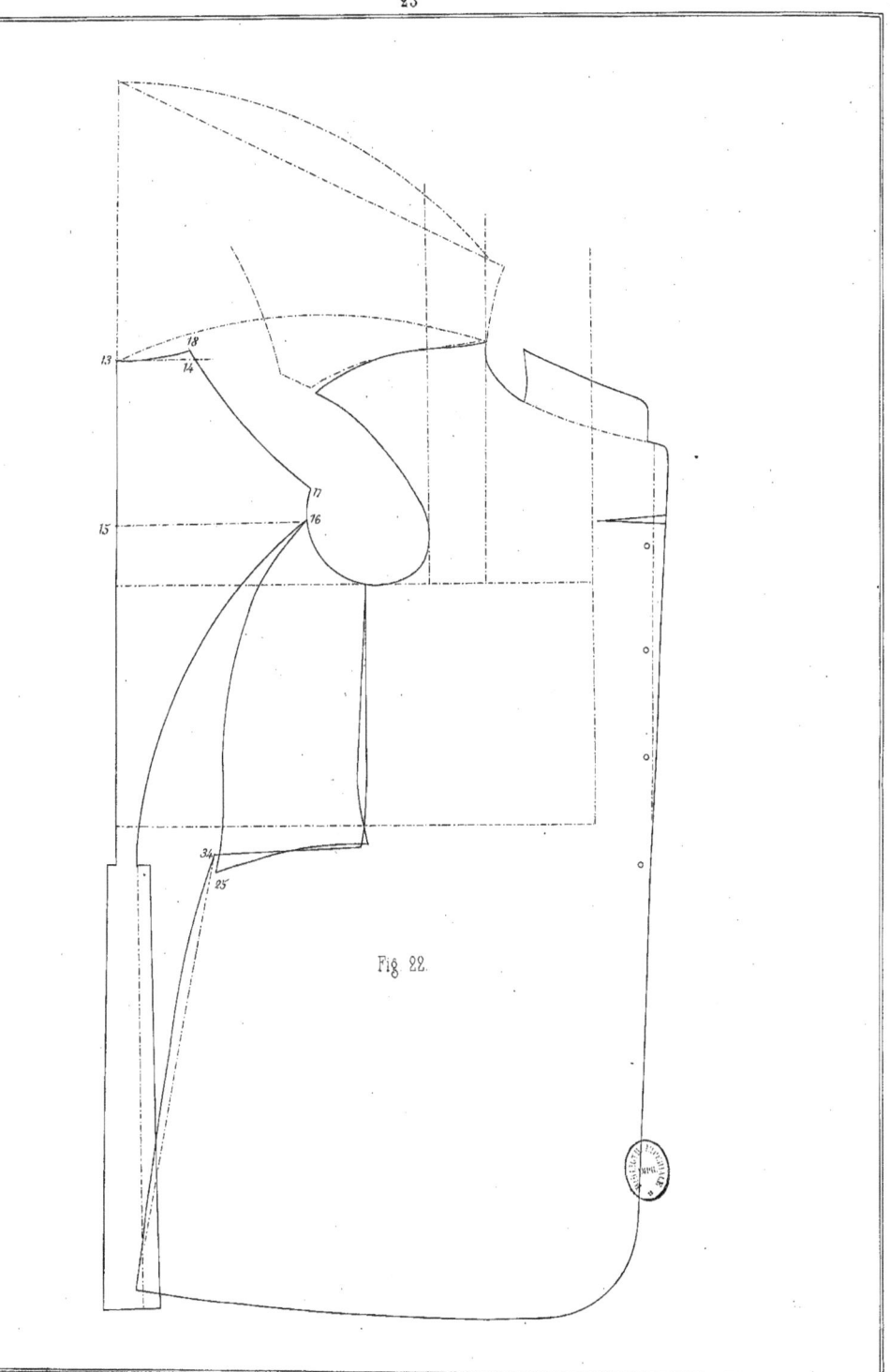

Fig 22.

JAQUETTE ANGLAISE

Ce vêtement, complétement de fantaisie, se trace exactement comme le corsage ordinaire, les coutures seules varient; le dos est plus large en haut; celui de la FIG. 22 a 8 centimètres de largeur à l'encolure; la carrure est plus étroite, et le bas de la taille 3 cent. (la manche fournit à la carrure ce qu'on y retranche). Le dos étant plus large en haut, l'épaulette à l'encolure est plus basse, de manière que les coutures seules se trouvent changées, sans pour cela que l'aplomb soit en rien dérangé.

Le derrière de la jupe se fait très-plat; pour cela, en opérant comme pour le dorsay (FIG. 13), vous ne mettez que 2 ou 3 cent. de 25 à 34, et vous obtenez ainsi moins de largeur à la jupe. Le bas du devant doit ouvrir.

VARIATIONS DE MODE

Les FIG. 23 et 24 représentent des variations de coutures, que notre principe rend très-faciles à faire, quelle que soit la mode ou le goût du coupeur. Pour cela, vous tracez l'épaulette du dos haute ou basse, et aussi droite ou creuse que vous le voulez; de même le côté du dos, droit ou courbe, suivant votre désir, parce que le petit côté emprunte ou fournit au dos, suivant qu'il est plus ou moins large. Puis, vous découpez et placez ce dos sur la ligne 10-4 (FIG. 23); et comme vous tracez l'épaulette suivant la courbe du dos, vous conservez toujours le même aplomb, qui est nécessaire, puisque la structure de l'homme ne change pas, et vous variez ainsi vos coutures sans aucune difficulté et sans modifier en rien les principes que nous donnons.

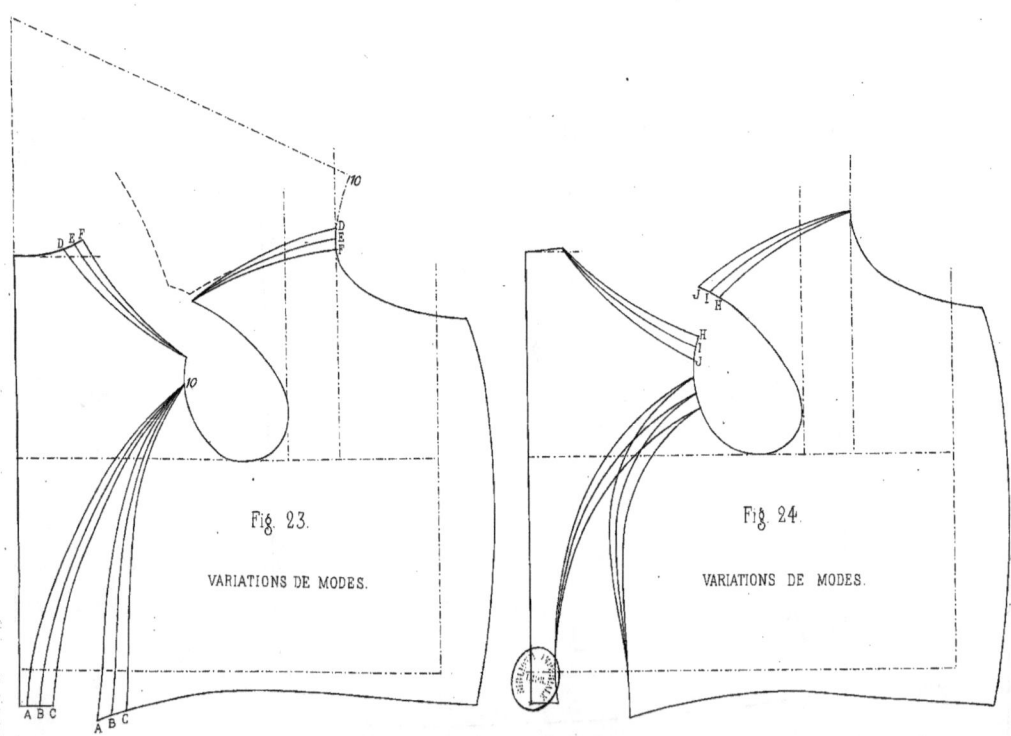

Fig. 23.   Fig. 24.

VARIATIONS DE MODES.   VARIATIONS DE MODES.

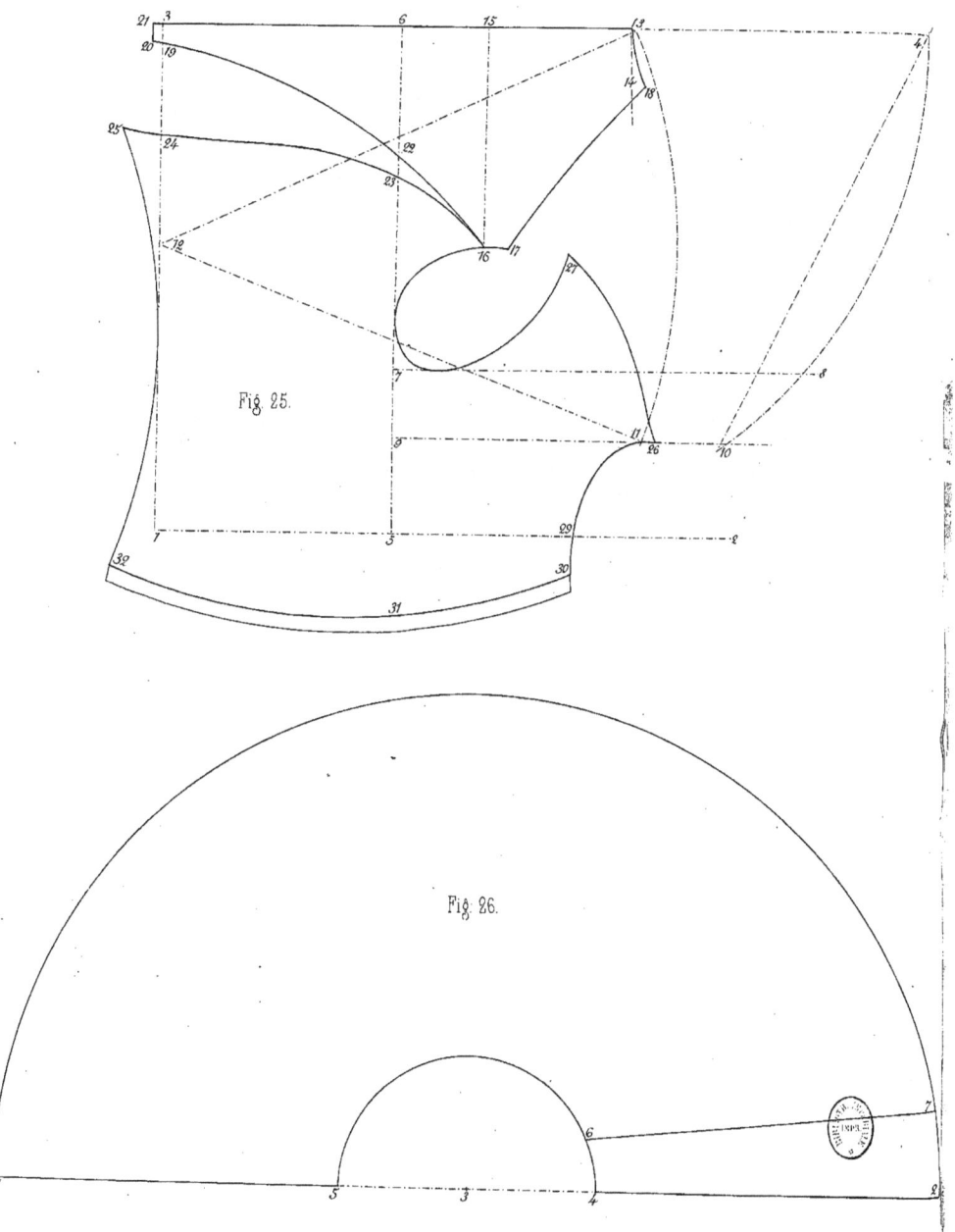

Fig. 25.

Fig. 26.

UNIFORME

Pour la tunique, vous ferez les lignes 1-2, 1-3 et 3-4, de même que pour une autre pièce. De 6 à 7, vous ajoutez un centimètre de plus, pour l'avancement du bras, afin que la garniture que l'on met ne gêne pas à l'emmanchure. Vous mettez également 1 cent. de plus de 7 à 9, c'est-à-dire 7 cent. pour 48; car il est essentiel que l'encolure de cette pièce, qui se porte toujours boutonnée, soit plus droite. Elle se fait de 1/16 plus haute que le 1/3 de grosseur de poitrine, ce qui donne 3 cent. pour 48, plus haut qu'un corsage ordinaire. La carrure d'une tunique doit se faire de 2 cent. plus large qu'une autre pièce, afin d'avantager la personne. Le bas du dos se fait plus étroit; sa largeur la plus ordinaire est de 3 cent.; il se trace généralement droit, peu creusé, ainsi que vous l'indique la FIG. 25. Mettez de 5 à 31, 1/6 de gr. de poitrine, 8 cent. pour 48; la moitié de cette distance, au haut, de 29 à 30, et la même moitié au bas, de 1 à 32. Tracez la ligne du devant 30-32, passant par le point 31, en la courbant sur toute sa longueur, comme elle est représentée par la FIG. 25. La longueur de la taille au-dessous du bras ne doit pas dépasser la hanche. La pointe du bas du devant, représentée par le point 32, est de même longueur que celle du petit côté 25. La ligne 32-25, qui se trace entièrement courbe, devra donc toucher la ligne 1-3, au-dessous du bras, juste à la place de la hanche.

Il est indispensable de prendre la grosseur du cou, afin de pouvoir bien assujettir la longueur du collet. La gr. de la taille doit être prise et coupée juste, afin d'amincir la taille pour que le développement de la poitrine paraisse davantage.

JUPE

La FIG. 26 représente une jupe d'officier, pour laquelle vous tracez d'abord la ligne droite 1-2. Marquez le point 3. De 3 à 4, mettez 1/3 de la gr. de taille, que nous supposons 39, dont le 1/3 est 13. De 4 à 2, mettez la longueur de la jupe, puis prenez le point 3 pour centre et 4 pour rayon, et tracez la courbe 4-5, et la courbe 2-1. La ligne 6-7, que vous faites sur le derrière, formera la basque du dos. Le haut de la jupe, de 6 à 5, doit être tendu jusqu'à ce qu'elle soit assez large pour s'adapter à la taille du corsage et afin de renvoyer les plis pour la faire draper avec grâce. Elle se coupe à poil sur le devant.

Quand vous désirerez faire une jupe de tunique ordinaire, n'ayant qu'une demi-largeur, telle que cette FIG. 27, vous mettrez les 2/3 de gr. de taille, de 1 à 2. Prenant le point 1 pour centre et 2 pour rayon, vous décrirez la courbe 2-3, qui doit être tendue environ de 2 à 3 cent. De 2 à 4, vous mettrez la longueur nécessaire, et vous servant encore du point 1 pour centre, vous décrirez la courbe 4-5 pour le bas.

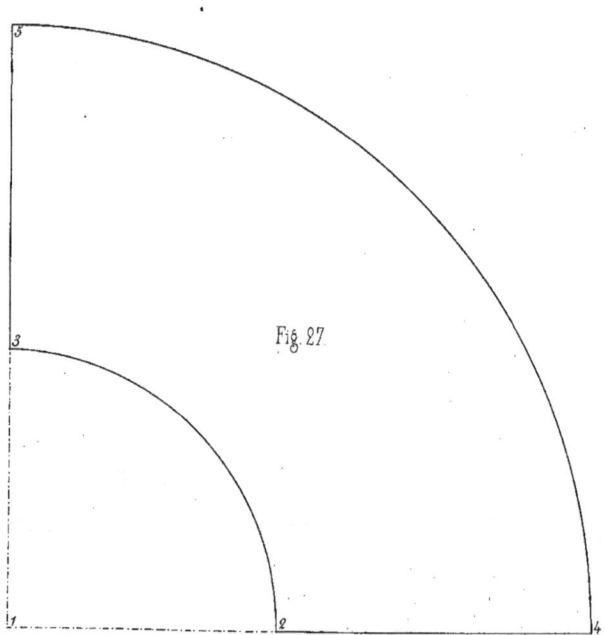

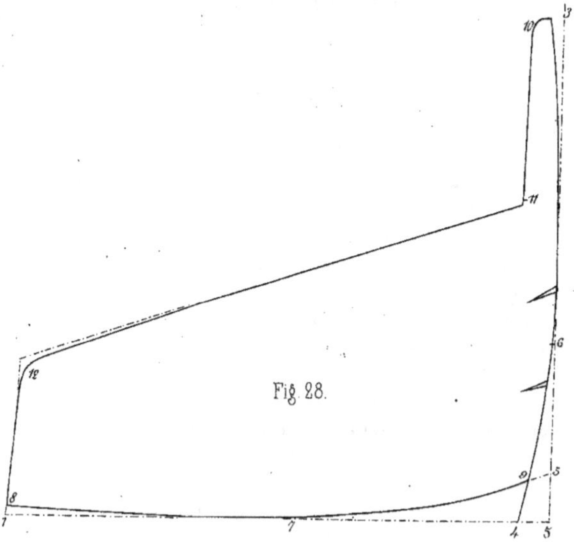

Fig. 28.

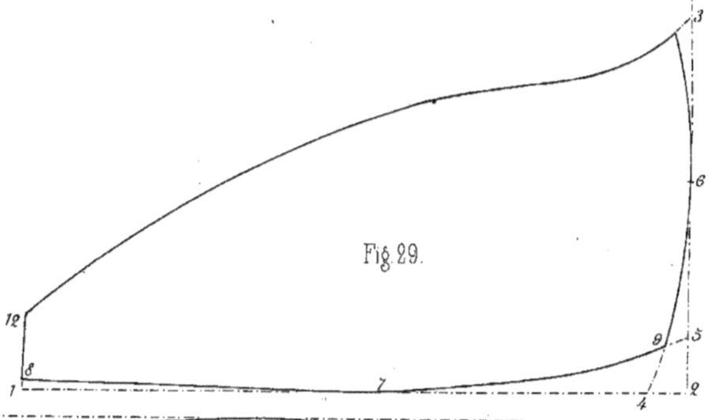

Fig. 29.

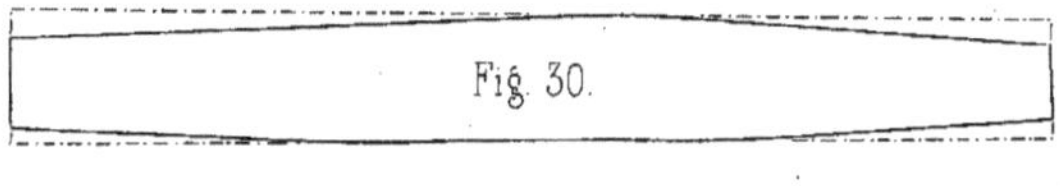

Fig. 30.

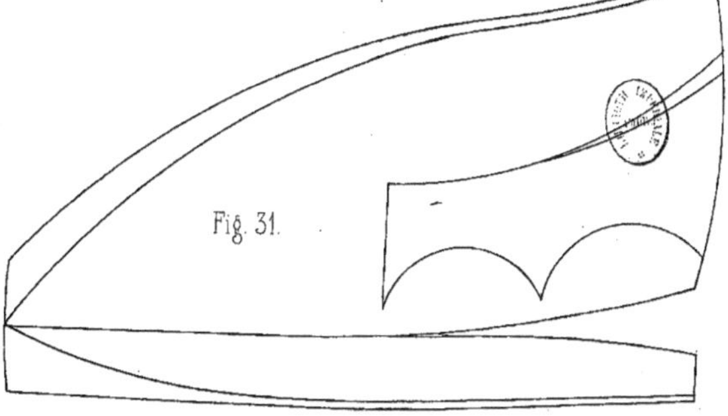

Fig. 31.

BASQUES D'HABIT

Tracez la ligne droite 1-2 (FIG. 28), puis la ligne d'équerre 2-3. De 2 à 5, mettez 1/12 de grosseur de poitrine, c'est-à-dire 4 centimètres pour une grosseur de 48 ; de 2 à 4, 1/16 ou 3 cent. pour 48 ; de 2 à 7, la 1/2 de gr.; puis tracez la courbe 5-8 en touchant la ligne au point 7 et rentrant un cent. au bas, comme vous le représente le point 8; puis en haut, de 2 à 6 1/3. Tracez la courbe 4-3, en passant par le point 6, à partir de ce point et arrivez vers le point 3. Mesurez la largeur du bas du corsage, moins les anglaises, et portez cette largeur de 9 à 3. Tracez la petite ligne 10-11 pour former la petite bande qui varie en longueur et en largeur, suivant le goût et la mode. Nous la représentons par une longueur du 1/3 et une largeur de 3 centimètres. La largeur du bas de la basque, de 8 à 12, peut aussi varier ; nous la représentons également par le 1/3 de grosseur.

La FIG. 29 représente une basque d'uniforme dont le derrière se fait comme une basque ordinaire. La largeur du haut, de 9 à 3, doit avoir les 2/3 de la largeur de la taille, et la largeur du bas, de 8 à 12, doit doit avoir le 1/4 de la largeur du haut. Pour la basque du dos vous suivrez la FIG. 30, en mettant 6 cent. au bas pour largeur, 7 1/2 au milieu et 5 au haut.

La FIG. 32 représente un corsage d'habit d'uniforme tracé pour la basque (FIG. 31) pour une grosseur de poitrine de 45. Le bas de ce devant doit dépasser la ligne pointillée, afin de former une saillie, qui s'adapte à la basque. Le bas du côté, sous les bras, doit être tendu à l'endroit marqué. Quand vous trouverez trop de largeur à la taille, vous pourrez faire un suçon au bas du devant.

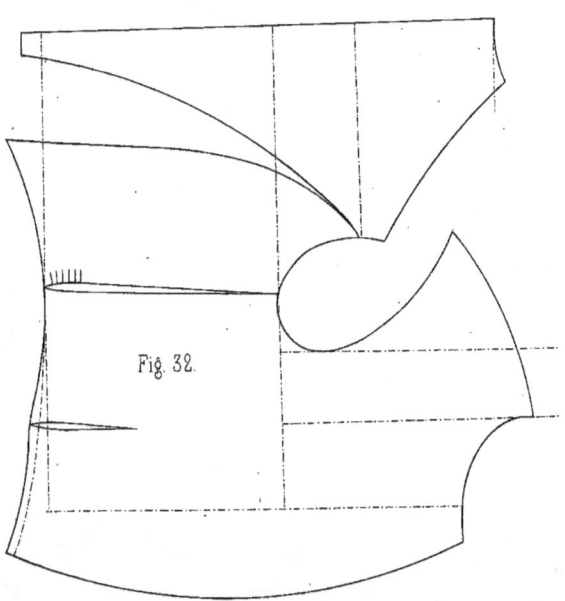
Fig. 32.

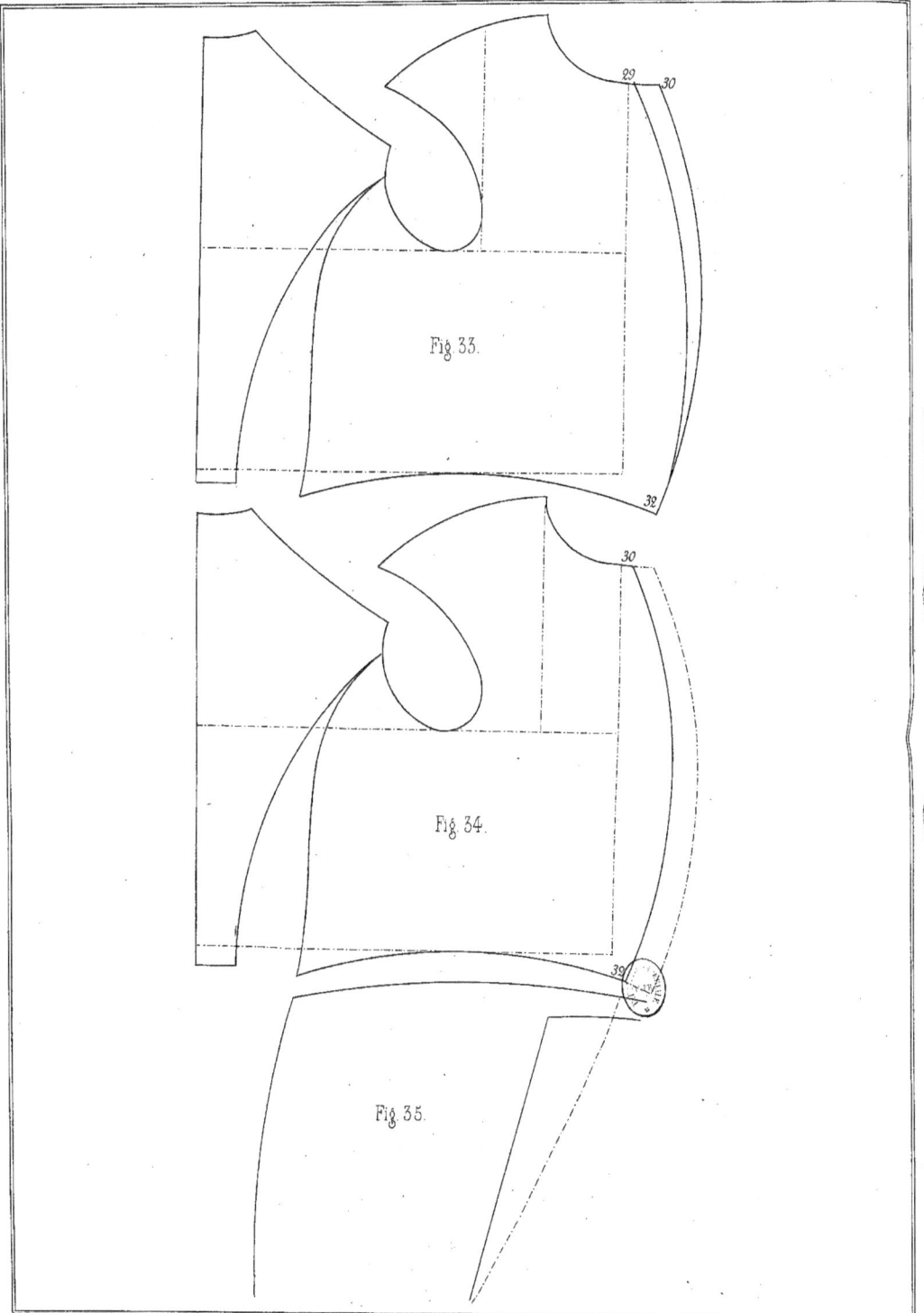

HABITS DE COUR

Les **FIG. 33** et **34** représentent des habits d'apparat pour les hauts fonctionnaires.

Le corsage de ces habits officiels se coupe comme les autres uniformes; ils varient suivant le rang que la personne occupe à la cour, et se distinguent aussi par les broderies.

Le devant, formé par la courbe 29-32, de la **FIG. 33**, ne se boutonne que du bas, et celui formé par la courbe 30-32, de la même Figure, se boutonne complétement.

Le devant, qui se boutonne du bas, a la basque à cran de la **FIG. 35**. Le devant représenté par la courbe 30-32 de la **FIG. 34**, ne se boutonne pas; il a la basque pleine, représentée par la ligne pointillée de la **FIG. 35**. Ces deux genres de basques se font larges et plates.

La **FIG. 38** représente un costume judiciaire, dont le tracé est à la page suivante.

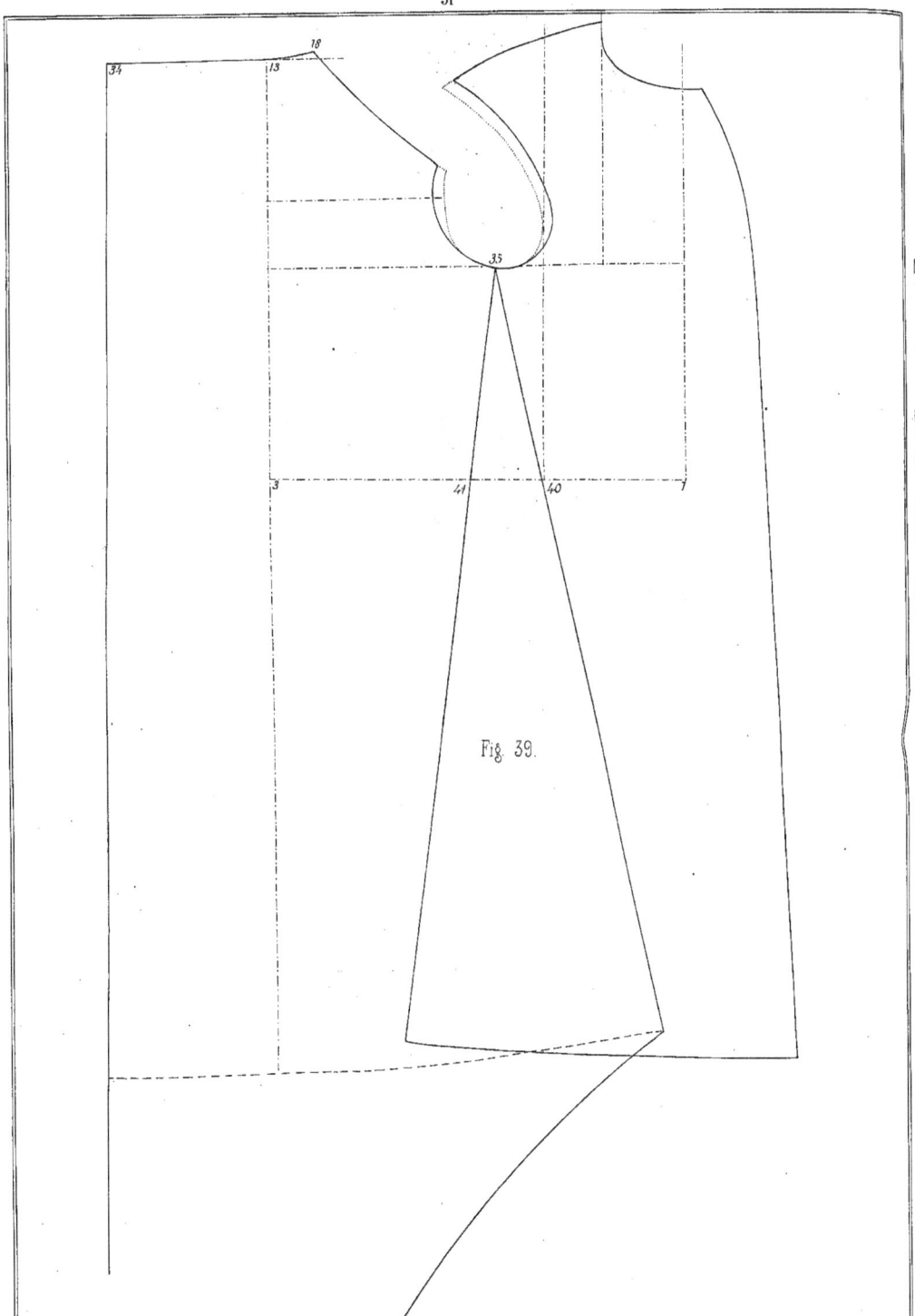

Fig. 39.

ROBE JUDICIAIRE

Cette robe FIG. (39) se trace comme le paletot-sac, en sortant derrière, de 13 à 34, autant de largeur que vous mettez à la carrure. L'épaulette se fait plus étroite de 2 centimètres. Pour tracer cette épaulette, vous pliez ce que vous sortez au dos, afin de placer la ligne 13-3 sur la ligne 10-4, comme à l'ordinaire. Pour le côté du dos, vous tracez la ligne droite partant du point 35, passant par 40, jusqu'au bas. Ce point 40 se forme de la rencontre de la ligne d'avancement avec la ligne 1-3. De 40 à 41 vous mettez 8 ou 10 cent., et tracez ensuite la ligne 35-41 jusqu'au bas. Comme pour la soutane (dont le tracé est à la page suivante), le dos de ce vêtement, qui ne se porte qu'au Palais, se fait à queue et traînant, pour président, avocat général ou juge. Pour les simples avocats elle se fait toute ronde, descendant à 8 ou 10 cent. au-dessus de terre. L'encolure se fait aussi de même hauteur que la soutane, et à collet droit comme elle. Toute la partie du dos 18-34 doit être froncée pour ne pas être plus large que le dos ordinaire.

La manche, représentée par la FIG. 40, a ordinairement 1ᵐ20 ou 1ᵐ30 de largeur, qui est représentée par la ligne 1-2 ; à chaque extrémité de cette ligne, vous en élevez une d'équerre. Élevez aussi la ligne 5-6, au milieu, d'une longueur égale à celle que vous avez prise sur le client. De 6 à 7 mettez 10 à 12 cent., suivant l'épaule, et tracez ensuite la courbe 6-3 et 6-4. Le côté 2-3 se coud avec le côté 1-4, et, pour monter la manche, on la fronce et on met le point 4 au point 35 du dessous du bras de la FIG. 39.

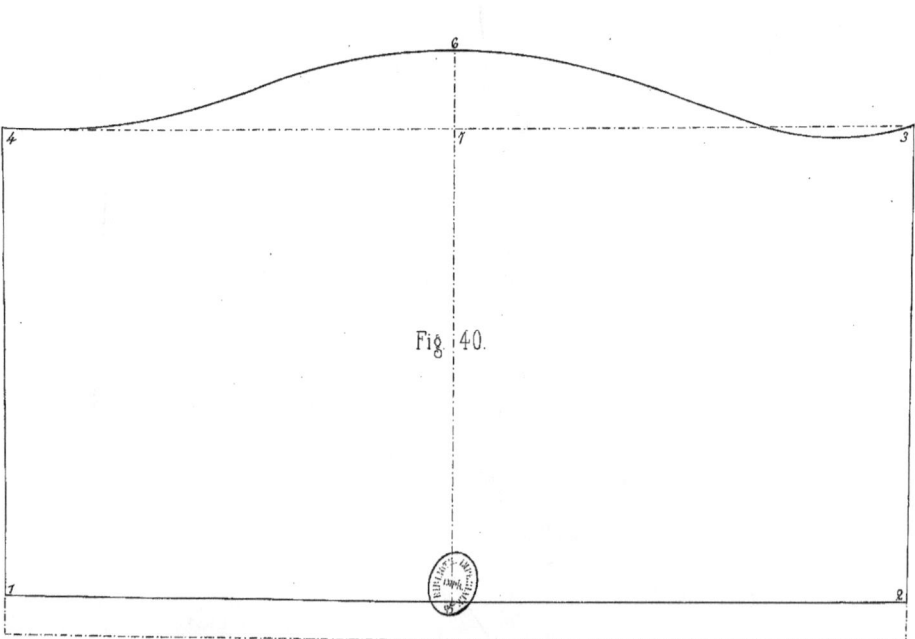

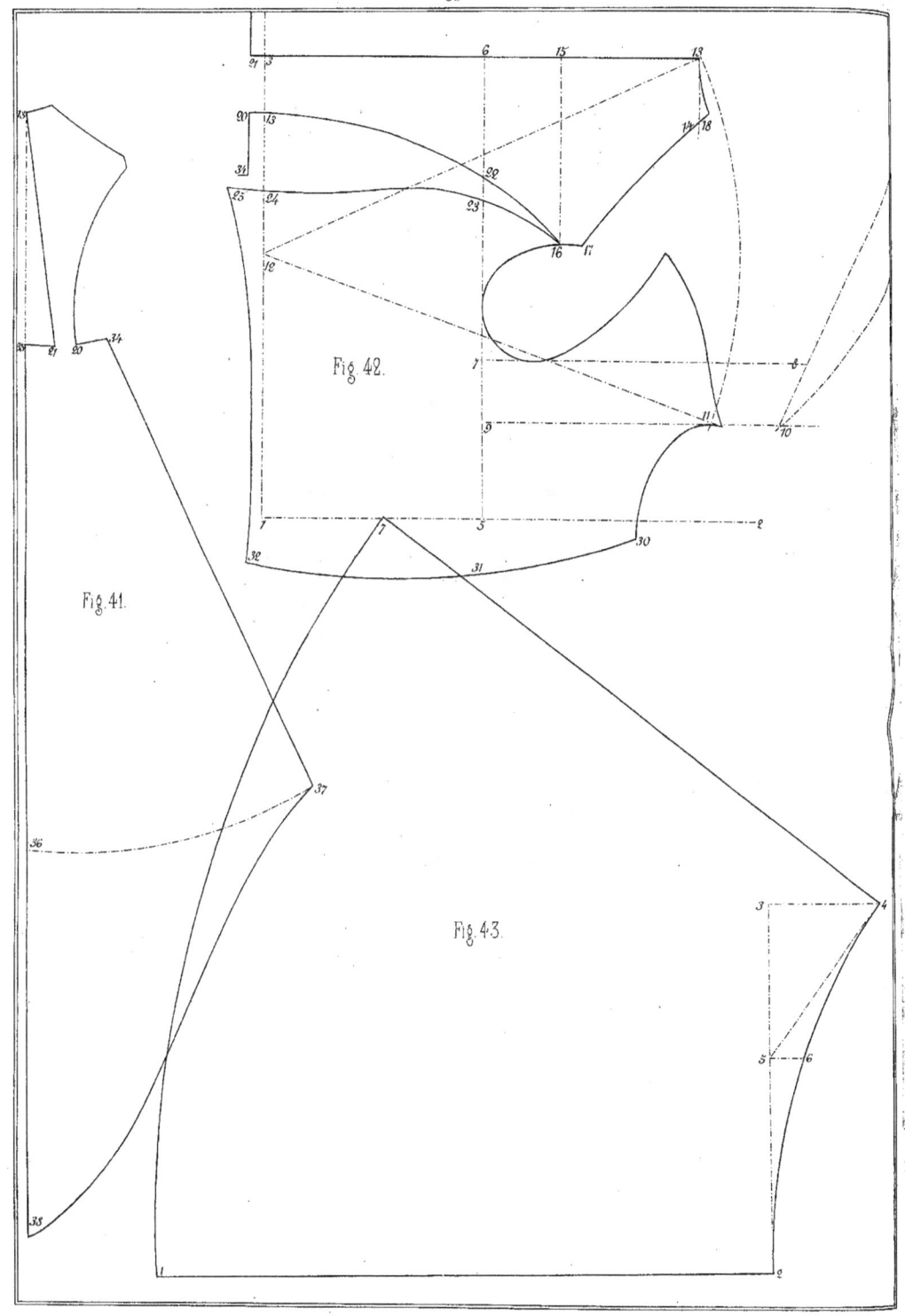

SOUTANE

Pour le dos d'une soutane, vous tracez la ligne du milieu 13-38 (**FIG.** 41) au bord du pli du drap. A la longueur de la taille, vous rentrerez ordinairement 7 centimètres, de 35 à 21, pour un pli crevé, et vous en laissez autant de 20 à 34. La taille de ce dos doit avoir généralement 6 cent. de largeur.

De 13 à 36 vous mettez la longueur totale que vous avez prise depuis le haut du dos jusqu'au bas, qui descend presque toujours jusqu'à la cheville. Puis, prenant le milieu des points 20 à 21 pour centre, et le point 36 pour rayon, vous décrivez l'arc 36-37. De 36 à 37 vous laissez toute la largeur du drap, c'est-à-dire 65 à 70 centimètres. Cet arc détermine ainsi la longueur du dos; puis, à cela, il faut ajouter la longueur de la queue, qui est la même que celle de la jupe. Vous tracez telle qu'elle est représentée par la FIG. 41, qui donne un dos proportionné pour une grosseur de 6 cent., la queue, qui se trouvera retenue par un ruban flottant cousu au pli du côté, et auquel on fait former un coulant quand on veut la relever. Elle doit être bordée tout autour à plat et en dedans.

Le devant (**FIG.** 42) se trace comme celui du corsage ordinaire, à l'exception de la ligne 9-10, qui est de deux cent. plus avancée, pour que l'épaulette soit plus droite. Le collet est droit comme celui de l'uniforme, et tout aussi ajusté. Il est donc nécessaire de prendre la grosseur du cou. Le collet, le devant et la jupe se boutonnent du haut au bas par de petits boutons distancés de 3 cent.

La jupe se trace par le système ordinaire en mettant 12 cent. de 3 à 4 (**FIG.** 43), et en creusant bien la courbe sur le devant, de 2 à 6; si cette jupe n'était pas assez creusée, la personne qui la porte n'aurait pas les genoux assez libres. La courbe 2-4 doit dépasser de 6 cent. la taille du devant, afin de fournir une partie du pli creux qu'il faut à chaque côté du derrière.

La manche est ordinaire, presque juste du haut et large du bas (plus ou moins, suivant le goût du client) elle a un grand parement rond.

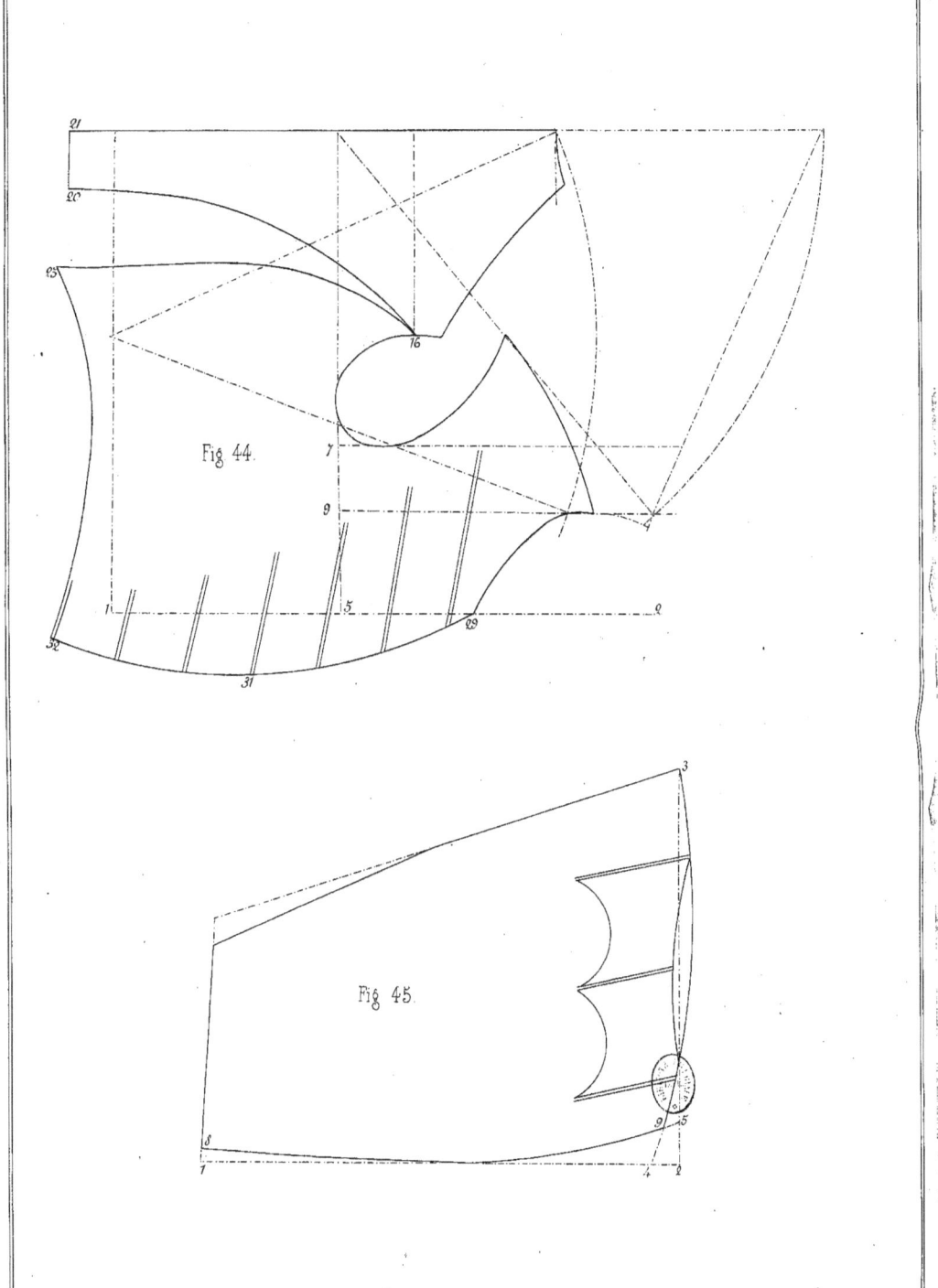

Fig 44.

Fig 45.

HABIT DE LIVRÉE

L'habit de livrée se trace comme la tunique. Mettez 1/8 et 1 cent. de 7 à 9. La carrure a deux centimètres de plus que celle d'une pièce ordinaire. On devra mettre 7 centimètres de largeur à la taille du dos de 20 à 21. La courbe du dos 16-20 se creuse plus fortement, ainsi qu'elle est représentée sur la FIG. 44. Comme la taille se fait deux centimètres plus longue qu'une autre, il est nécessaire de laisser plus de pointe au petit côté, au point 25. L'encolure se fait deux centimètres plus bas que l'encolure ordinaire, soit de 5 à 29, 14 centimètres pour une grosseur de 48. Pour que le haut du devant reste ouvert, vous tracez la courbe de ce devant, partant juste de l'encolure et de la ligne 1-2. Le point 31, à la poitrine, doit sortir de 1/6 de la ligne, afin de laisser la largeur nécessaire pour le plastron, qui ressemble à celui d'un uniforme. Le bas 32, du devant, doit être abattu de 1/12, 4 centimètres; de façon que l'habit ne ferme qu'au milieu de la poitrine, au point 31, qui se trouve assujetti par deux agrafes posées en sens inverse.

Le collet est droit et debout comme celui de la tunique.

Si vous avez besoin de suçonner le devant, vous ferez un ou deux suçons sous les tresses et à la hauteur que vous jugerez convenable. Ces suçons ne doivent pas paraître.

Pour la basque (FIG. 45), tracez les lignes d'équerre 1-2 et 2-3. De 2 à 4 mettez 1/16, 3 cent. pour 48; et 1/12, 4 centimètres de 2 à 5; puis tracez la courbe 5-8 pour le pli, en touchant la ligne au milieu et en rentrant un cent. au bas. La largeur du bas est de 20 à 24 cent., suivant la grosseur. Mettez la largeur du bas du corsage en laissant de quoi faire les suçons de 9 à 3; et tracez le haut de la basque par la courbe 4-3, en montant au milieu d'un 1/2 au-dessus de la ligne. Vous ferez deux suçons à la basque sous la patte, qui, pour ne pas brider, doit être creusée, ainsi qu'elle est représentée FIG. 45.

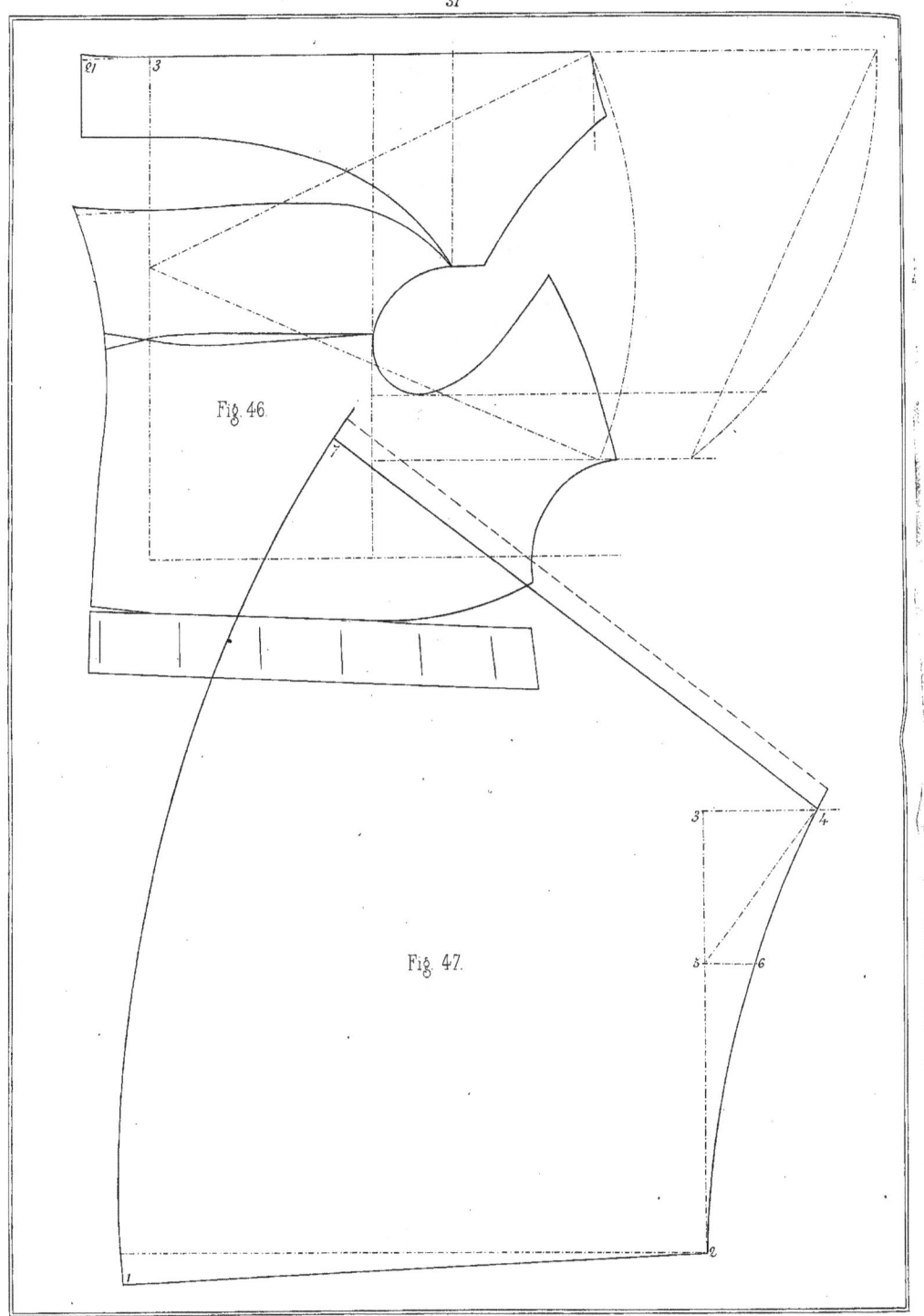

Fig. 46.

Fig. 47.

PARDESSUS DE LIVRÉE

La mesure du pardessus de livrée, comme de tout autre pardessus, se prend sur le vêtement que l'on doit mettre en dessous. La taille doit être coupée 8 centimètres plus longue que la taille naturelle, elle doit avoir 10 centimètres de largeur au dos, qui doit sortir d'un demi-cent. au point 21, tel que le représente la FIG. 46, tracée pour une grosseur de poitrine de 51, et qui a la largeur voulue pour servir de pardessus à la FIG. 44. La carrure doit être d'un cent. plus large que la proportion ordinaire.

Il est essentiel de mettre autant de pointes au petit côté que la FIG. 46 vous le représente. Le bas du corsage doit être tendu sur la hanche, sans quoi la grande longueur de la taille le ferait brider.

La jupe se trace par le système ordinaire en lui donnant la grande ampleur, 13 cent. pour 51, de 3 à 4. Il est bon de sortir deux ou trois cent. en bas du devant, au point 1 (FIG. 47).

CARRICK

Pour ce genre de pardessus faites simplement un grand paletot-sac, en rapprochant le dos de l'épaulette, tel que le représente la FIG. 48; faites le point 2 à 4 cent. de l'encolure, et prenez pour centre ce point 2 pour tirer les courbes des rotondes, dont le nombre varie suivant la volonté du client.

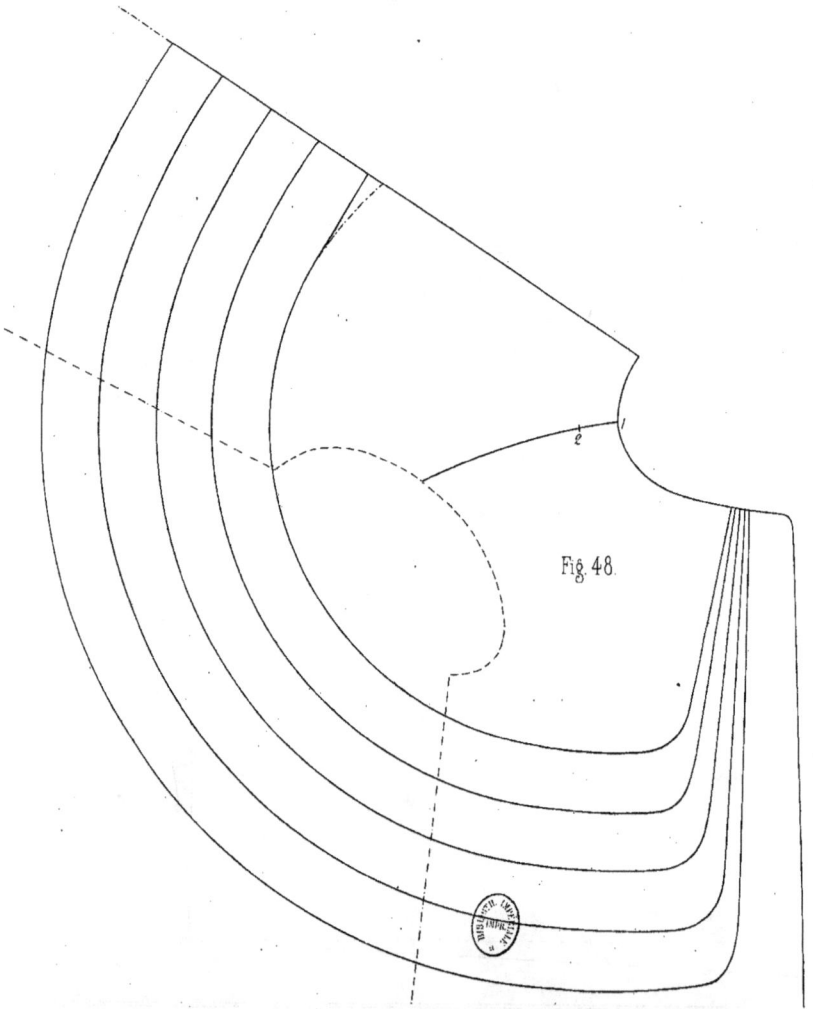

Fig. 48.

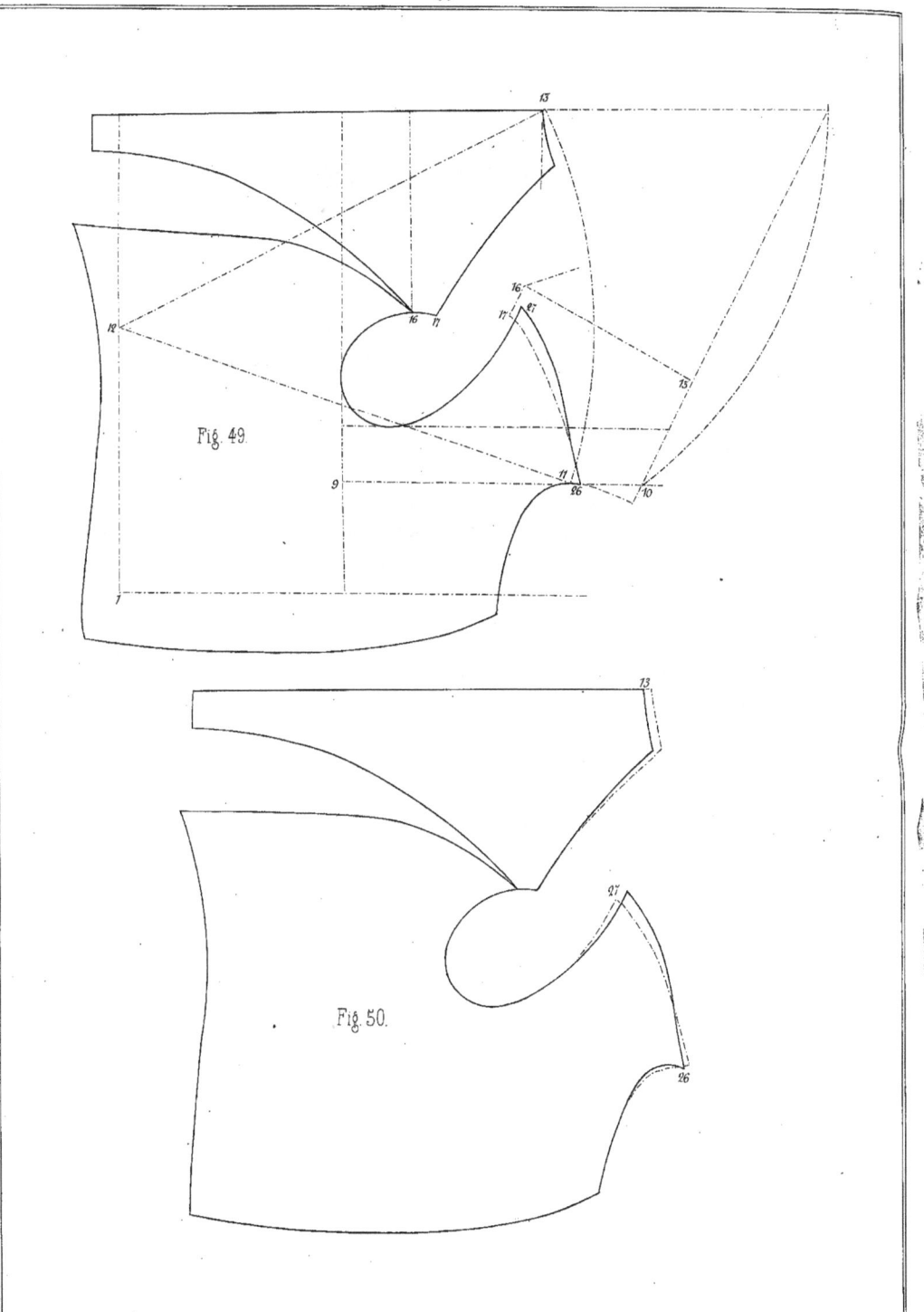
Fig. 49.
Fig. 50.

ÉPAULES HAUTES

La FIG. 49 représente un corsage coupé pour une personne ayant des épaules hautes, mais n'étant pas voûtée. Afin de couper bien juste, pour ce genre de conformité qui sort de l'ordinaire, il est bon de prendre les mesures de preuves : profondeur, hauteur du dos et hauteur d'épaules. Mais si vous vous apercevez, à l'œil, de cette variation d'épaules, et que vous ne puissiez pas bien prendre ces mesures, il serait infiniment préférable de vous en rapporter aux variations suivantes, plutôt que de vous guider sur des mesures mauvaises ou mal prises.

Mettez moins de profondeur de 9 à 10 ; supposons 31 pour 48, au lieu de 32 (FIG. 49). Puis, comme ces personnes ont le cou généralement court, il faut moins de hauteur de dos. Pour cela, faites le point 12 d'un cent. plus en avant, soit 27 pour 48, de 1 à 12, et ne changez pas le point 11 : votre rayon 12-11 se trouvera plus court, ce qui, en pivotant, vous donnera moins de hauteur. Par ce système, fort simple, le point 13 se trouvera d'un cent. plus bas. Plaçant alors le dos comme pour le corsage ordinaire, vous tracerez suivant votre jugement l'épaulette du devant d'un cent. ou un cent. et demi plus haut que le dos, comme la pointe d'épaulette 27, qui dépasse d'un centimètre 1/2 l'épaulette pointillée du dos 26-17 (FIG. 49).

C'est surtout pour les épaules qui sont saillantes à la pointe et creuses au milieu qu'il est très-utile de creuser légèrement l'épaulette près de l'encolure, et de tendre un peu cette partie creuse.

La FIG. 50 représente le corsage fini, ayant subi ces changements. Les lignes pointillées indiquent le modèle ordinaire. Il est donc aisé de se rendre un compte exact de l'opération, qui se résume ainsi : Mettre un cent. de moins de profondeur, un cent. 1/2 de plus de hauteur d'épaules, et un cent. de plus au bas du dos.

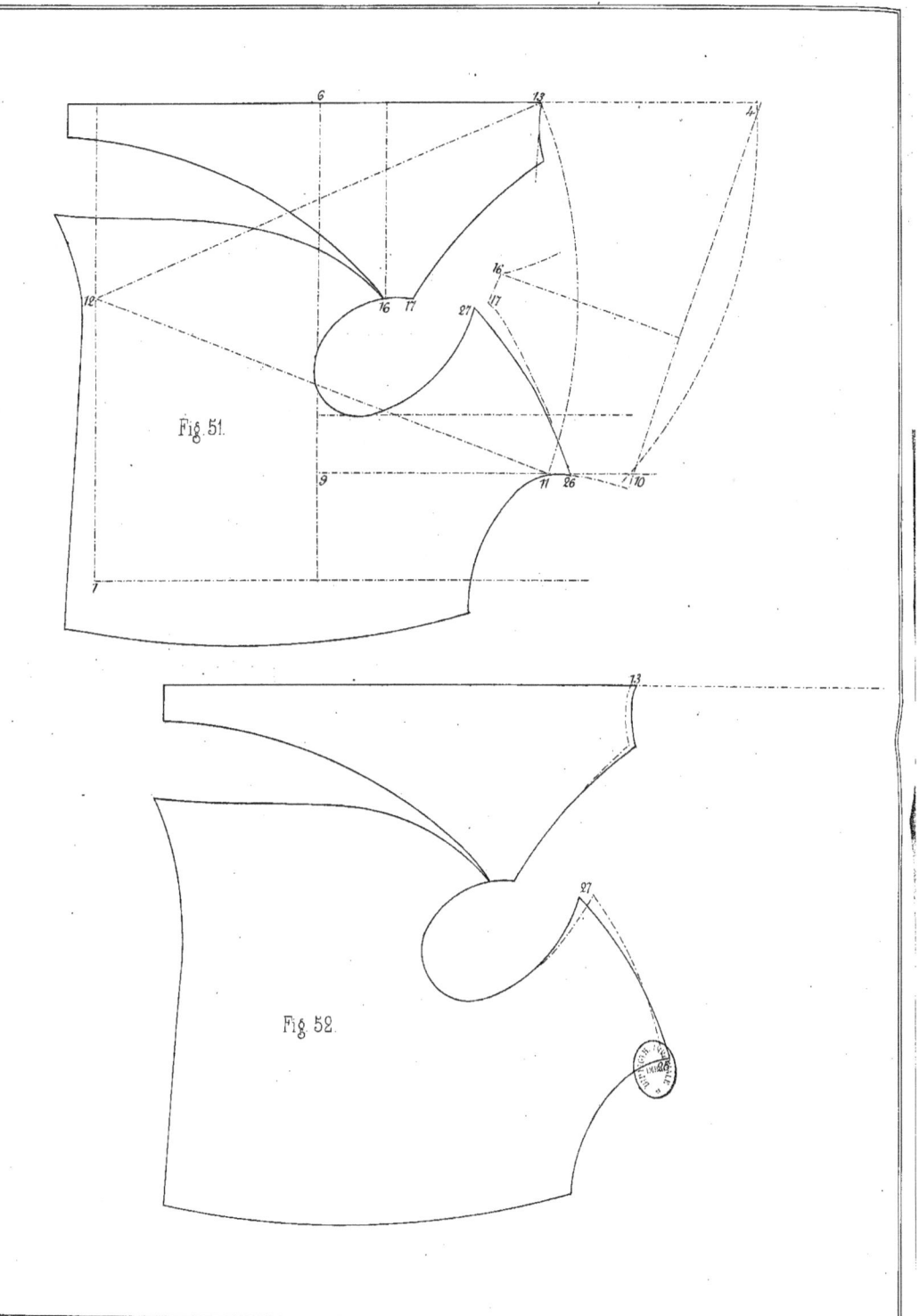

Fig. 51.

Fig. 52.

ÉPAULES BASSES

La FIG. 51 donne un corsage tracé pour des épaules basses.

Pour ce genre de structure, les trois mesures de preuves, décrites à la page précédente, sont aussi nécessaires que pour les épaules hautes. Si vous ne les avez pas de même que pour les épaules hautes, vous pourrez encore obtenir d'excellents résultats en faisant autant de changement, mais en sens inverse. Pour cela vous mettez plus de profondeur. A cette FIG. 51 nous avons donné 33 pour 48, au lieu de 32. Pour ces épaules, qui laissent tomber le vêtement au lieu de le maintenir, il est indispensable de donner plus de hauteur au dos ; sans quoi il ne colleterait pas et se détacherait du cou. Pour l'éviter, vous reculez le point 12 d'un cent., et mettez 29 cent. pour 48, de 1 à 12. De cette façon, en pivotant, vous obtiendrez au moins un cent. de plus de hauteur de dos. Ce point est important, car il est toujours plus prudent de faire le dos plutôt haut que bas. Placez ensuite le dos contre la ligne 10-4, et tracer l'épaulette, en la rentrant, près de l'emmanchure, d'un cent. ou un cent. 1/2 de 17 à 27 (FIG. 51), suivant le corps de la personne. Mais il faut bien s'abstenir de trop rentrer, car ce serait un grand défaut ; et il est préférable, si l'on n'est pas bien sûr, de laisser un peu trop de hauteur.

Voyez, à la FIG. 52, ces divers changements. Les lignes pointillées représentent le corsage ordinaire.

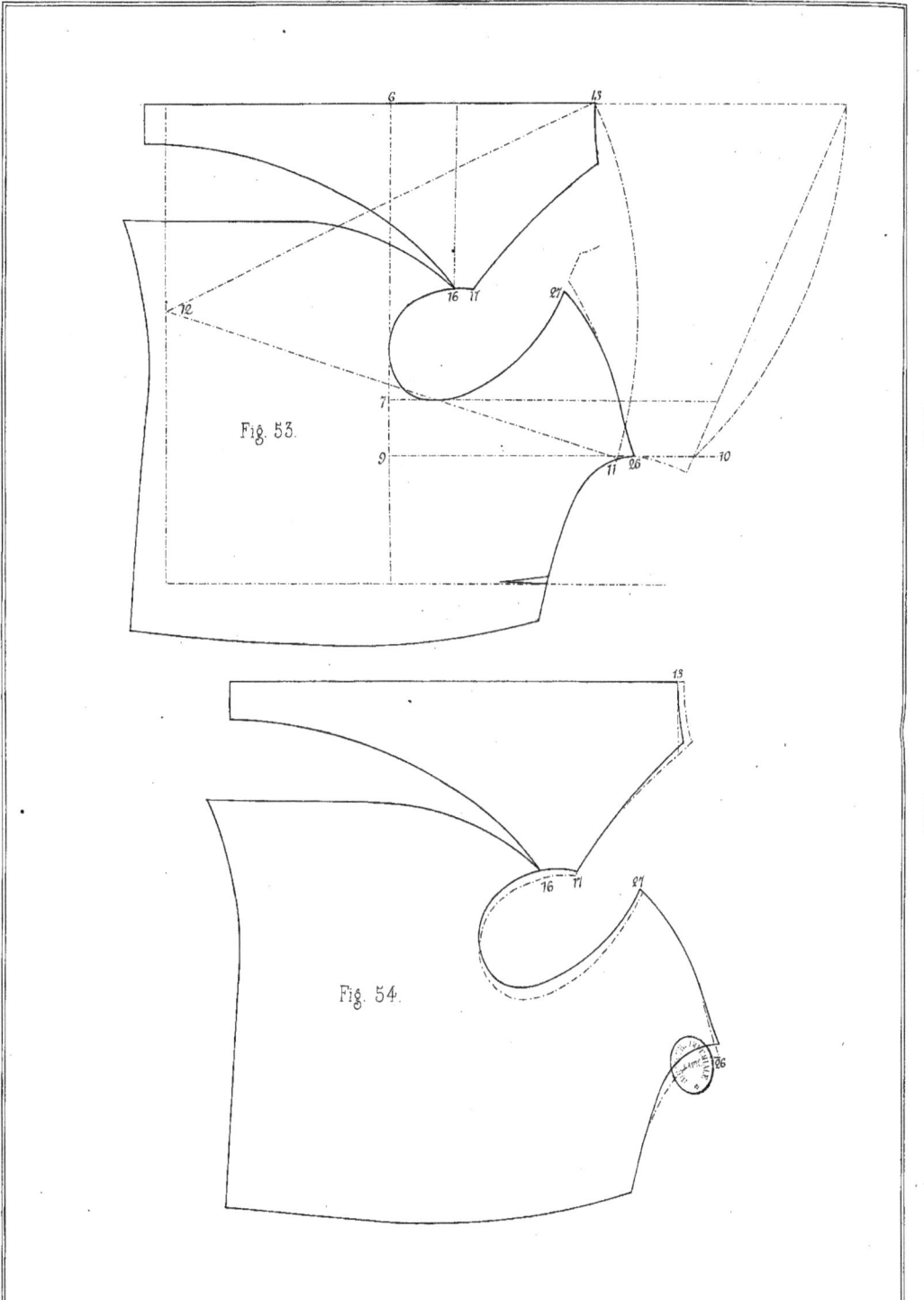

Fig. 53.

Fig. 54.

TENUE RENVERSÉE

Pour un homme dont la tenue est renversée, il faut une coupe également plus renversée, c'est-à-dire moins d'avancement de bras et moins de hauteur du dos.

Quand, n'ayant pas pris la mesure d'avancement de bras, vous remarquez que la personne a une tenue renversée, vous opérez sur votre grosseur de poitrine comme pour un autre; seulement vous mettez moins de 2/3 (un centimètre ou un cent. 1/2, suivant votre jugement) pour l'avancement du bras. Alors, le point 7 (FIG. 53) se trouvant plus en arrière, en mettant la même distance de 7 à 9, la ligne 9-10 se trouvera elle-même plus en arrière. La pointe d'épaulette 26 se trouve ainsi plus éloignée de la ligne du devant, et le point 12 reste à sa place ordinaire; la ligne 12-11 se trouve moins longue, ce qui, en pivotant, vous donnera un cent. de moins de hauteur de dos. L'emmanchure, étant plus en arrière, laisse plus de poitrine, ce qui diminue la largeur de derrière. Ainsi, pour conserver la même largeur d'emmanchure, vous mettez moins de largeur à la carrure (FIG. 53).

Pour cette tenue, qui laisse l'épaulette en arrière, il est utile de faire un suçon à l'encolure, car la poitrine d'un homme ayant si peu de largeur derrière est ordinairement saillante. Voyez, à la page 6, l'explication des suçons.

La différence de la tenue renversée avec la tenue ordinaire, qui nous est donnée par notre système d'opération, et qui se produit naturellement par le changement de l'avancement du bras, est représentée par le modèle pointillé de la FIG. 54.

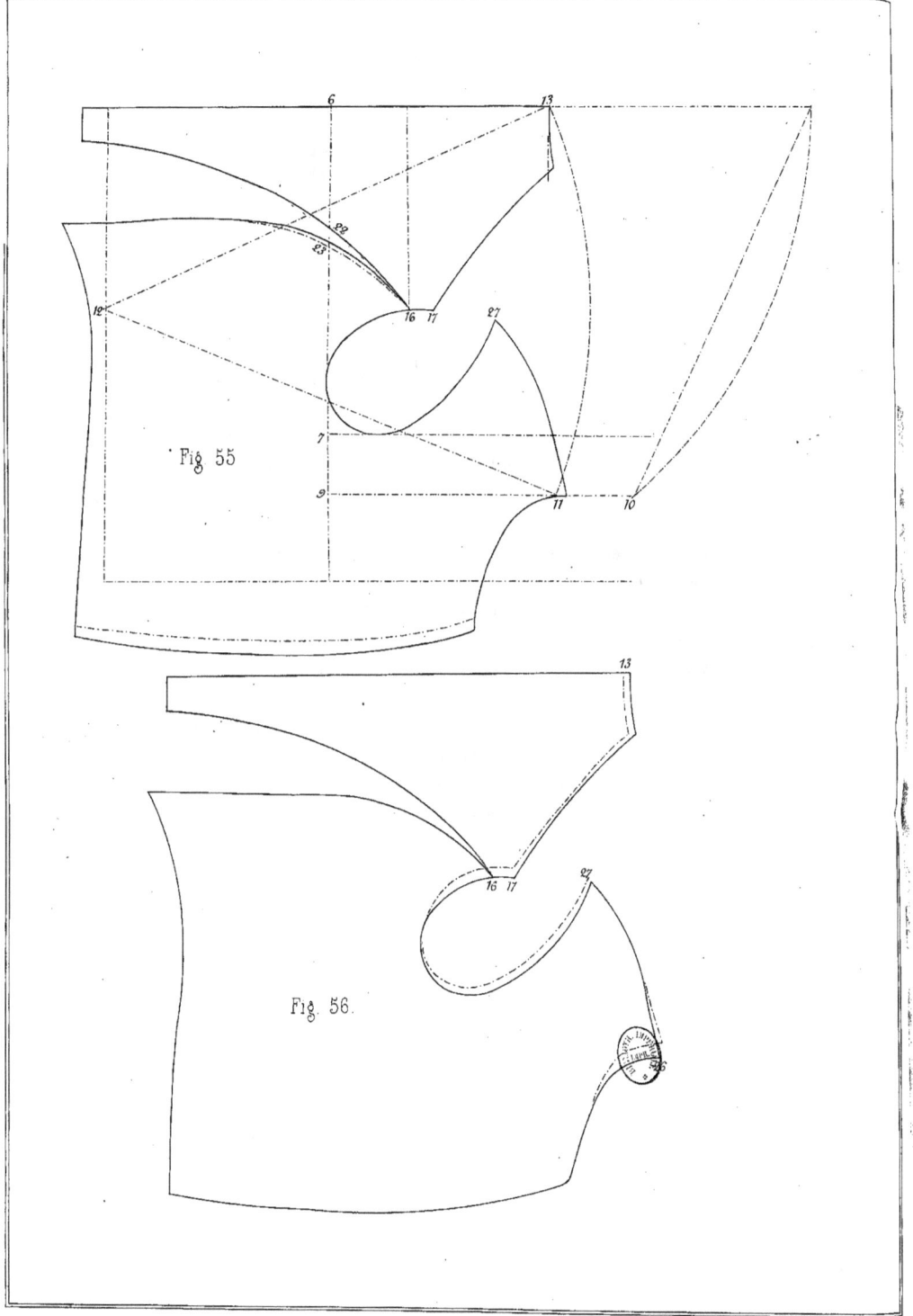

TENUE VOUTÉE

Pour une personne voûtée il faut plus d'avancement de bras, une coupe plus droite et plus de hauteur de dos.

Quand vous avez un corsage à tracer pour ce genre de conformation, et que vous n'avez pas de mesures fixes pour vous guider, vous devez, tout en opérant sur votre grosseur de poitrine, mettre un cent. ou un cent, et demi de plus à l'avancement du bras. La FIG. 55 représente un corsage pour une personne voûtée. Nous avons mis 33 cent. 1/2 de 6 à 7, au lieu de 32, et la distance ordinaire de 7 à 9; de cette façon, l'épaulette vient plus en avant. Or, le point 11 se trouvant ainsi lui-même plus avancé, la ligne 11-12 est plus longue, et en pivotant, vous donne au dos un cent. de plus de hauteur. La carrure se fait d'un cent. plus large, et, il faut plus de rond au petit côté. Cette figure 55 représente un modèle pour un homme très-voûté Pour cette conformation vous devez mettre moins d'écartement entre le dos et le petit côté du point 23 à 22. Vous tracez donc le côté comme le représente la ligne ordinaire, car la ligne pointillée indique le côté d'une tenue droite.

Ordinairement, les personnes qui ont une grande largeur de dos ont la poitrine étroite, ainsi que le démontre la ligne pointillée de ce devant. Dans ce cas, il est plus gracieux de les avantager que de couper juste à leur conformation; et, du reste, leur désir s'accorde toujours avec notre recommandation. Vous devrez donc laisser un peu plus de largeur à la poitrine, quand bien même vous seriez obligé de remplir ce surplus de largeur par une garniture un peu plus forte. Car, en coupant d'après notre nouvelle théorie, on ne doit jamais mettre de ouate; mais il y a exception pour le cas présent ou pour cacher une autre difformité.

Sur la fig. 56 le modèle ordinaire est pointillé, et celui à lignes ordinaires est tracé pour une personne voûtée.

MESURES EXCEPTIONNELLES

Quand vous voudrez prendre les mesures de preuves, pour corriger un modèle ou pour un homme difforme, vous n'aurez besoin en tout, et pour toute sécurité, que de cinq mesures. Ces mesures, de la manière dont nous les plaçons, suffisent à donner la dimension de toutes les parties nécessaires du corps. Leur petit parcours et leur commode application les rendent aussi faciles à prendre qu'il est possible. Ces mesures se prennent sur le vêtement bien ajusté, sans ouate, ou sur le gilet.

Pour prendre ces mesures, vous vous placez derrière le client, vous lui passez le ruban métrique autour du corps, comme vous le faites pour mesurer la grosseur de poitrine, en ayant soin de le bien monter, afin de le faire toucher chaque dessous de bras, puis vous le joignez derrière, de manière à former une ligne horizontale. Vous faites une petite marque de craie au milieu du dos et placée immédiatement au-dessus du ruban. Telle est la marque 6 (FIG. 57), qui se trouve ainsi parfaitement de niveau avec chaque dessous de bras. Faites une seconde marque 3 au creux des reins, et une troisième immédiatement au-dessous en avant de l'emmanchure, ainsi que vous voyez la marque 7 (FIG. 58 et 59). Ces points, que vous marquez ainsi sur le client, sont placés de même sur le plan; vous les trouvez désignés par les mêmes chiffres à la FIG. 60.

Après avoir fait ces trois petites marques sur la personne, vous placerez le premier chiffre du ruban métrique à l'endroit où vous désirez avoir le haut du dos; puis, laissant pendre ce ruban, marquez, pour la hauteur, le chiffre qui portera sur la petite marque 6, et, pour la longueur naturelle de la taille, le chiffre qui portera sur la marque 3 du creux des reins (FIG. 57.) Plaçant alors le ruban métrique au milieu du haut du dos, faites-le descendre par devant l'épaule, jusqu'à la marque 7 (FIG. 58), et marquez la valeur de cette mesure, pour la profondeur. Ensuite, pour la cambrure, sans le déplacer, vous le faites passer sous le bras au creux des reins, jusqu'au point 3 (même Figure).

L'avancement du bras se prend depuis le milieu du dos, point 6, en passant sous le bras, jusqu'en avant de l'emmanchure, point 7 (FIG. 59). Pour la hauteur d'épaule, vous posez le ruban métrique au milieu du dos, à 6 cent. plus haut que le point 6, vous le faites passer par dessus le gros de l'épaule et descendre par devant l'emmanchure, jusqu'au point 7 (FIG. 59).

Voyez, à la page 49, la manière d'appliquer ces mesures sur les modèles.

OBSERVATION

Il est un point essentiel pour qu'un vêtement soit d'un aplomb parfait, c'est de combiner la profondeur de l'emmanchure avec la hauteur du dos. Or, pour que ces deux mesures s'harmonisent bien ensemble, vous pouvez vous servir de nos exemples qui démontrent que, pour une tenue droite, la mesure de profondeur a ordinairement 10 cent. de plus de longueur que la mesure de hauteur du dos. Ainsi, pour une grosseur de 48, vous devez trouver souvent 32 de profondeur avec 22 de hauteur de dos. Mais, pour une tenue voûtée, vous ne devez trouver que 9 et même 8 cent. de différence entre ces deux mesures ; et vous aurez 10 cent. 1/2 et même 11 cent. de différence, pour une tenue renversée.

Du reste, nous ne donnons ce principe que pour prévenir le coupeur de ce qu'il doit trouver. Si ces différences étaient plus grandes, ce serait souvent la preuve que ces mesures ont été mal prises.

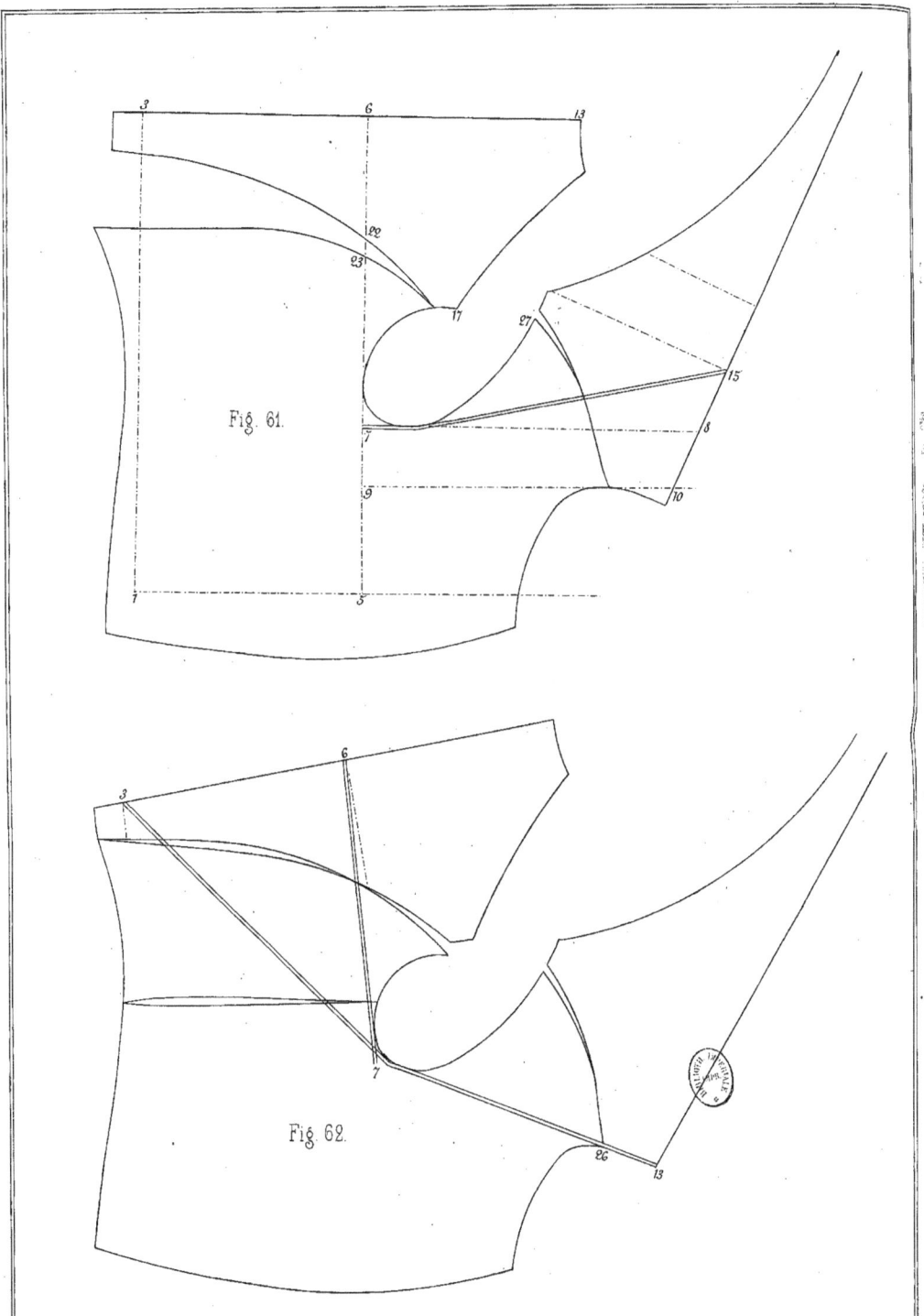

Fig. 61.

Fig. 62.

APPLICATION DES MESURES EXCEPTIONNELLES

Quand, après avoir pris avec le plus grand soin les mesures que nous venons de vous indiquer, vous voudrez en faire l'application, vous devrez procéder ainsi : Après avoir tracé les trois premières lignes d'équerre, vous mettrez votre mesure de longueur de taille naturelle, de 3 à 6 FIG. (61), pour remplacer la moitié de grosseur qu'on met ordinairement pour faire la ligne 6-5 ; de cette façon, vous déterminerez juste la hauteur du creux des reins et de la hanche, puis vous mettrez votre mesure de hauteur du dos, de 6 à 13. Vous remplacerez de même les 2/3, que l'on met ordinairement de 6 à 7, par votre mesure d'avancement de bras, en ajoutant à cette mesure ce que vous perdrez par l'ouverture qui existe entre le dos et le petit côté de 22 à 23 (FIG. 61); et, après avoir tracé la ligne 7-8, vous mettrez la distance ordinaire de 7 à 9.

Pour la profondeur, vous pourrez aussi en faire de suite l'application, en partant du point 7 jusqu'au point 10 (FIG. 61).

Après avoir ainsi fixé ces trois points essentiels : hauteur du dos, avancement et profondeur d'emmanchure, continuez de tracer le modèle suivant la méthode. Quand vous l'aurez terminé, vous rapprocherez le dos du petit côté, comme l'indique la FIG. 62. Après avoir placé votre mesure de profondeur, vous mesurerez la cambrure de 7 à 3, en appliquant votre mesure comme vous l'avez fait sur le client (voyez comme elle est placée FIG. 62). Si vous ne trouvez pas assez de largeur à la cambrure, vous sortirez à cet endroit, au derrière du petit côté, ce qui vous manquera. Si, au contraire, vous trouvez trop de largeur pour votre mesure, vous rentrerez, au derrière du petit côté, une partie de ce que vous aurez de trop, et l'autre partie au creux de la hanche, sous les bras.

Puis, pour la hauteur d'épaule, vous mettrez votre mesure du point 7 au point 15 (FIG. 61); et, si vous avez trop de hauteur, vous rentrerez l'épaulette à l'endroit de l'application de cette mesure, sans rien déranger au devant de l'épaulette. De même, si vous n'avez pas assez de hauteur, vous sortirez cette partie de l'épaulette sans déranger non plus la profondeur.

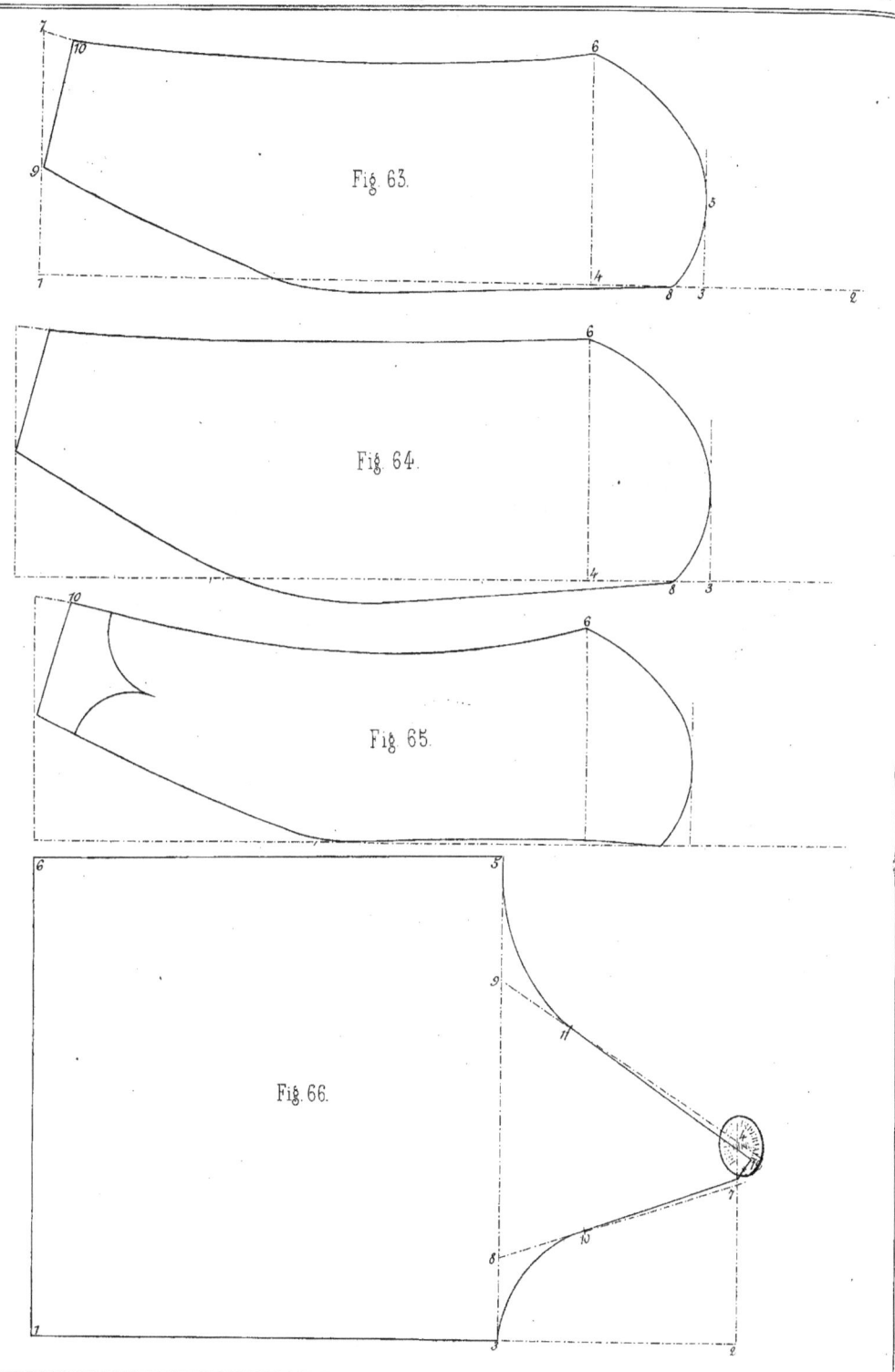

MANCHES

Pour la manche tracez d'abord la ligne droite 1-2 (FIG. 63). Élevez la ligne d'équerre 4-6, d'une longueur égale à la moitié de la largeur de l'emmanchure, et mettez la moitié de la longueur de cette seconde ligne, de 4 à 3 ; sur ce point 3 élevez la ligne d'équerre 3-5; puis, de 3 à 2, mettez 1/3 de grosseur de poitrine, et, plaçant le premier chiffre du ruban métrique au point 2, marquez le point 8 là où portera le chiffre qui représentera la largeur que vous voudrez donner à la carrure. Puis mettez un point à votre mesure du coude, et placez enfin le point 1 au chiffre représentant la longueur de la manche. En opérant de cette façon vous avez un grand avantage, car, si vous avez fait la carrure étroite, la manche, par sa hauteur, fournit à la carrure ce qui lui manque. Si la carrure est plus large pour une même grosseur, le contraire a lieu ; la manche, se trouvant naturellement plus abattue derrière, enlève ce surplus de largeur. En réglant ainsi la hauteur de la manche par la carrure, vous pouvez, comme nous venons de le démontrer, pour une même grosseur, faire sans difficulté une carrure large ou étroite. Sur le dernier point 1 vous élevez la ligne d'équerre 1-7, d'une longueur égale à la moitié de grosseur de poitrine. Tracez ensuite la courbe 6-7, en la creusant plus ou moins, suivant que le goût ou la mode l'exigeront ; puis, la courbe 8-6, passant par le point 5, ainsi que sur la FIG. 63, qui représente une manche juste. Faites ensuite la courbe 8-9, comme vous la voyez tracée. Le point 10 est invariable, c'est le point 9 qui change suivant la largeur que l'on donne au bas de la manche. Pour la longueur, prenez le point 8 pour centre et 9 pour rayon, et pivotez de manière à couper la ligne du devant, afin de former le point 10. La FIG. 64 donne une manche large. Pour avoir cette largeur, mettez 2 cent. de plus, de 4 à 6, et de 4 à 3, la moitié de la ligne 4-6.

MANCHE DE PELISSE

Pour faire ce genre de manche, tracez premièrement la ligne droite 1-2 (FIG. 66). Mettez, de 2 à 3, la moitié de la gr. de poitrine, et de 3 à 1, toute la grosseur. Élevez les trois lignes d'équerre 2-4, 3-5 et 1-6. Puis, sur la ligne du haut, mettez 1/3 de gr., de 2 à 7, et 1/12 de 7 à 4. Le point 4, pour une grosseur de 48, se trouve donc à 20 cent. de distance du point 2. Sur la seconde ligne, mettez, de 3 à 8, 1/6 de gr.; de 3 à 5, toute la grosseur, et, de 5 à 9, mettez 1/4. Joignez ensuite, par une ligne droite, les points 7-8 et 4-9 ; joignez de même les points 5-6 et 6-1. De 9 à 11 il faut mettre 1/6, et de 7 à 10, 1/3. Tracez les courbes 5-11 et 11-12; le point 12 se rentre d'un centimètre, et doit dépasser la ligne du haut de 2 cent. Faites ensuite la petite courbe 12-7, telle qu'elle est représentée FIG. 66. Puis, rentrant encore d'un cent., tracez la courbe jusqu'au point 10, et de 10 à 3.

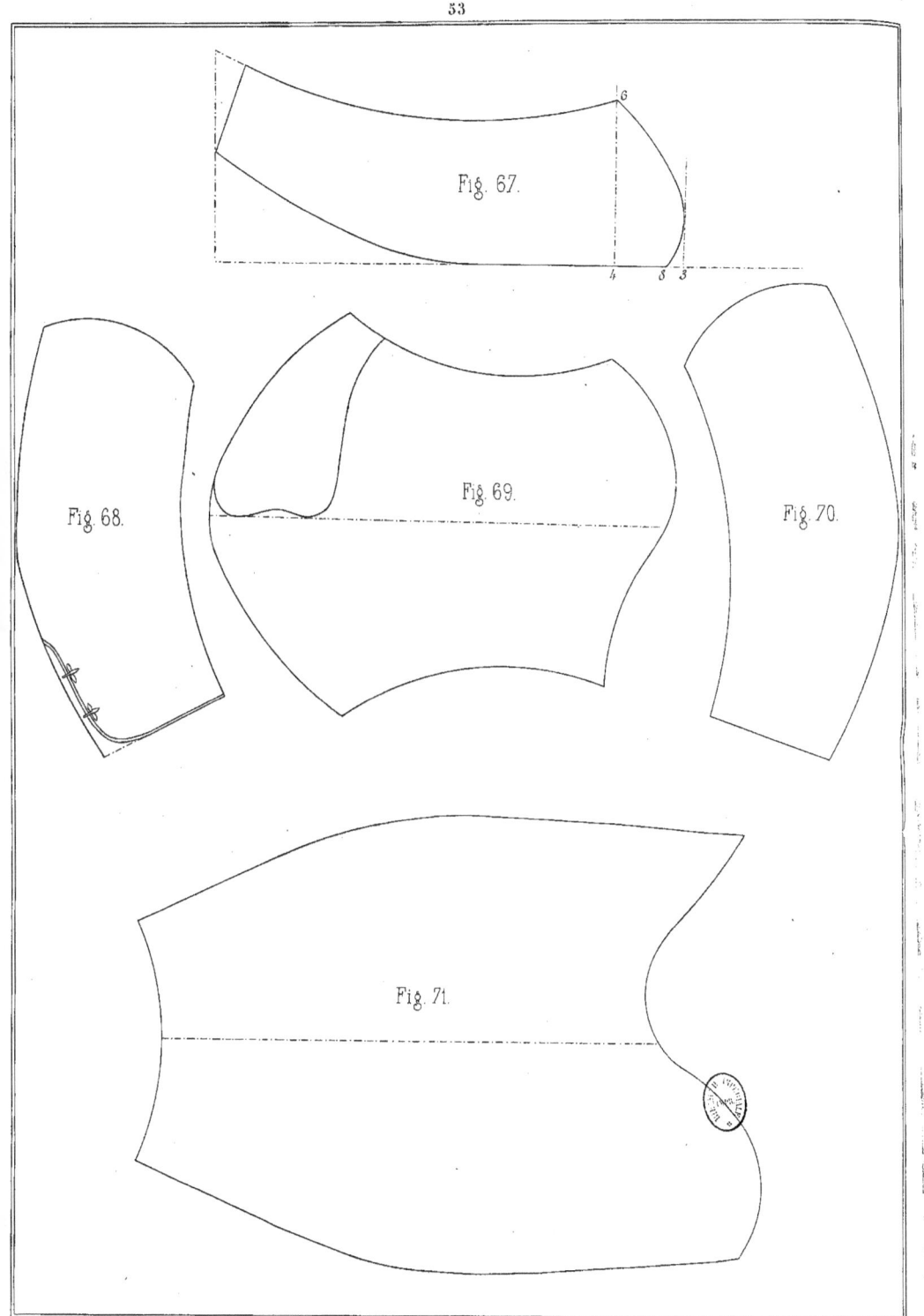

MANCHES DE FANTAISIE

La FIG. 67 représente une manche d'amazone; pour la tracer, vous mettez, de 4 à 6, la moitié de la largeur d'emmanchure; de 4 à 3, 2 cent. de moins que la moitié de la ligne 4-6; et de 3 à 8 vous abattez un cent. et demi. Le bas se fait suivant le système ordinaire. Le dessous de manche, pour dame, doit être très-peu évidé.

La FIG. 68 donne une manche de fantaisie.

La FIG. 69 représente une manche pagode ouverte ; il n'y a qu'une couture à la saignée.

La FIG. 70 est une manche de dame, dite manche à coude. Elle s'applique aux robes et aux pince-tailles.

La FIG. 71 est une manche d'homme avec une seule couture au coude. Cette manche, qui est représentée ouverte, se trace par la moitié comme une autre.

MANCHES DE CABAN
(FIG. 72.)

Pour cette manche (FIG. 72), tracez la ligne 1-12 de la longueur qu'elle doit avoir. De 12 à 3, mettez la moitié moins un cent., ce qui fait 23 cent. pour 48, et la même largeur au bas, de 1 à 2. De 3 à 13 mettez 5 cent., et tracez la courbe 12-13, pareille des deux côtés. Il n'y a qu'une seule couture, que représente la ligne 2-7. Ce point 7 se trouve réuni aux points 7 du devant et du derrière. (Voyez à la page 55, FIG. 73 et 74.)

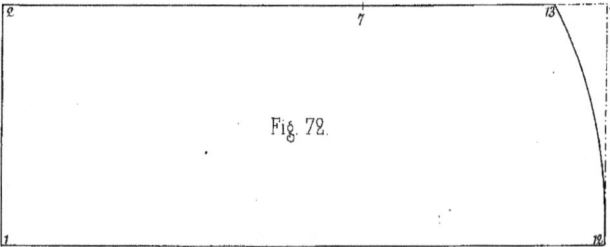

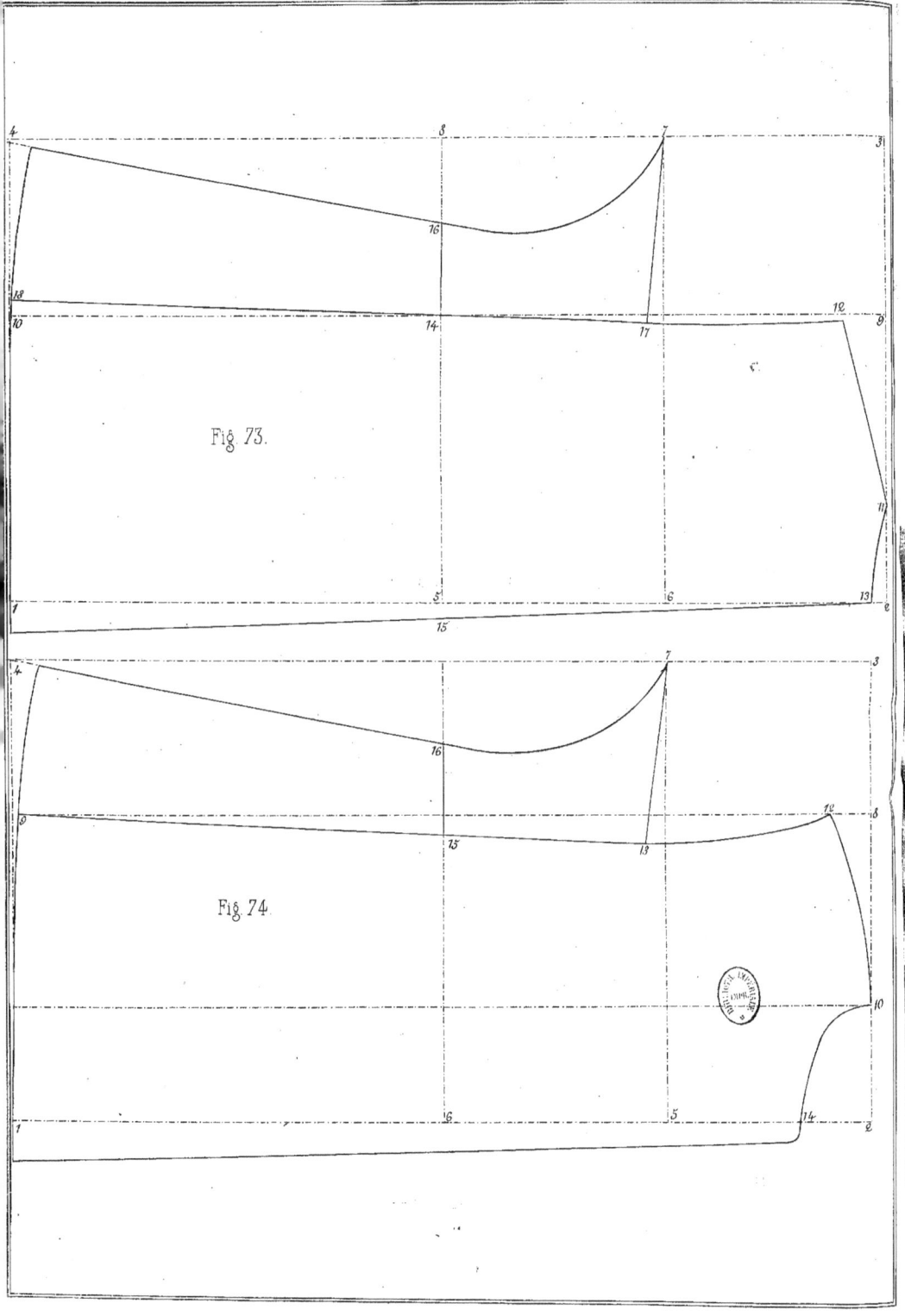

Fig. 73.

Fig. 74.

CABAN D'OFFICIER

Pour le dos (FIG. 73) tirez la ligne droite 1-2, les lignes d'équerre 2-3 et 1-4, d'une longueur égale à la grosseur de poitrine, et joignez par une ligne droite les points 3-4. Mettez la moitié de grosseur, de 2 à 6, et autant de 6 à 5. Tirez les lignes d'équerre 5-8 et 6-7. De 2 à 9, mettez la moitié de 1/8, et tirez la ligne d'équerre 9-10. En haut, de 2 à 11, mettez 1/5; de 9 à 12, 5 cent.; de 2 à 13, 2 cent., et tirez la courbe 13-11, pour le haut du dos; puis tirez l'épaulette, de 11 à 12. Le point 17 se fait 2 cent. plus bas que la ligne 6-7. Tracez ensuite la ligne 12-18, en la courbant légèrement, de 12 à 17, telle que vous la représente la FIG. 73. Le point 18 se fait à 2 cent. du point 10. Après, tracez la ligne droite 17-7; mettez 1/5 de 14 à 16, tracez la courbe 7-16, et enfin la ligne 15-4. Pour le milieu du dos, qui se fait sans couture, sortez 2 cent. de 5 à 15, et tirez la ligne droite 13-15 jusqu'au bas.

Pour le devant, FIG. 74, tracez de même que pour le dos la ligne 1-2; les lignes 2-3 et 1-4, d'une longueur égale à la grosseur de poitrine, et joignez par une ligne droite les points 3-4. De 2 à 5, mettez la 1/2 moins 2 cent., et la 1/2 de 5 à 6. En haut, mettez 1/4 de 2 à 10, et 2/3 de 2 à 8. Tirez la ligne d'équerre 8-9 de 8 à 12, 5 cent., et tracez l'épaulette comme vous la représente la FIG. 74. Le point 13 rentre de 3 cent. en avant de la ligne 8-9, et 2 cent. plus bas que la ligne 5-7. Tracez la courbe 12-13 et la ligne droite 13-9. De 15 à 16 1/5, tirez la ligne 13-7, la courbe 7-16 et la ligne droite 16-4. Pour l'encolure, faites le point 14 1/6 plus bas que le point 2, et tracez-la telle qu'elle est représentée : la ligne du devant doit sortir de 2 cent. en haut et 4 en bas.

Ce caban se coupe de deux manières. Pour la première les soufflets du dessous de bras ne sont pas séparés du devant ni du dos, et vous coupez le devant le long des lignes 12-13, 13-7, 7-16 et 16-4, et le dos en suivant les lignes 12-17, 17-7 et 16-4. La poche se fait dans la seule couture qui existe à chaque dessous de bras. Pour la seconde, les soufflets que marquent au dos les points 7, 17, 14 et 16, ainsi qu'au devant, sont coupés et rapportés comme ces quatre lignes vous le représentent, et les morceaux formés au dos par les points 14, 16, 4 et 18, et au devant par les points 4, 9, 15 et 16, ne seront pas séparés, les deux points 16 et les deux points 4 étant du même morceau. On ne fendra la ligne 16-4 que pour la poche, à la hauteur convenable.

CAPUCHON

La FIG. 75 représente le capuchon, pour lequel vous tracez la ligne 1-2, d'une longueur de 50 cent., puis la ligne d'équerre 2-3, d'une longueur de 40 centimètres. De 1 à 5 mettez 6 cent., et 8 cent. de 6 à 8, après avoir tracé la ligne d'équerre 5-6. Tracez la courbe 1-8, que vous ajustez à l'encolure, en faisant un ou deux suçons, pour ôter la largeur qui dépasserait. Le haut en avant de 2 à 7 s'abat de 2 à 3 centimètres.

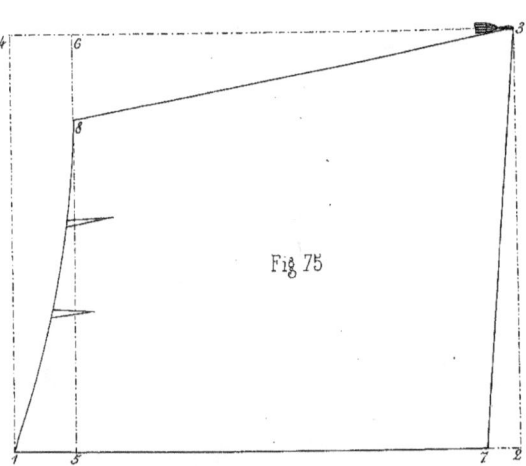

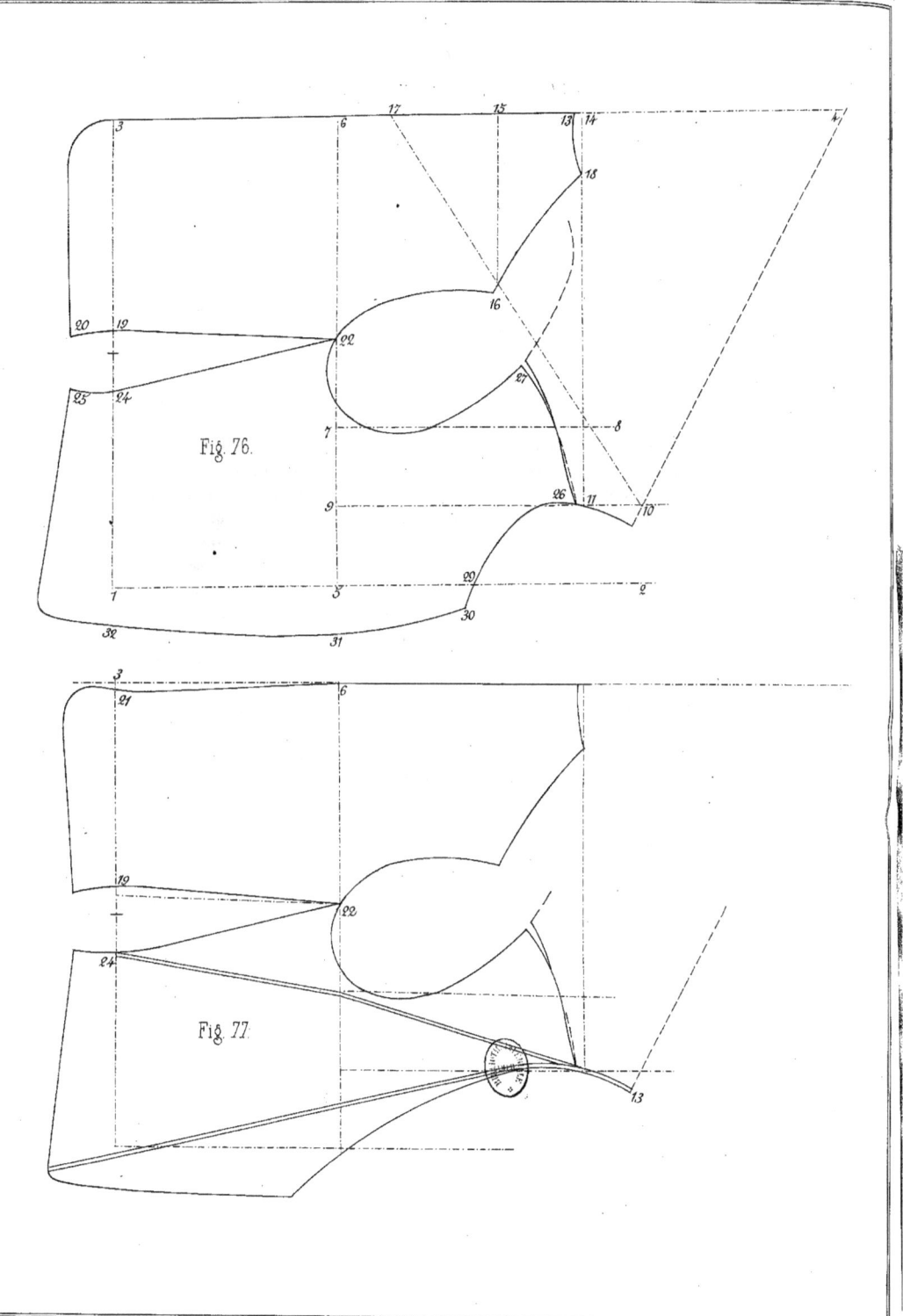

TRACÉ DES GILETS

La longueur du gilet se prend en passant le ruban métrique derrière le cou et en rejoignant ce ruban par devant, au bas du gilet, à la longueur qu'indique le client. Vous prenez de même l'ouverture du châle selon son désir. La longueur appliquée sur la FIG. 77 indique la façon dont on doit la prendre. De même, que pour la grande pièce, la grosseur de poitrine se prend juste, ainsi que la grosseur de taille. Enfin, pour la hauteur de la hanche, partez du point 13 jusqu'à la hanche, point 24. Voyez cette mesure sur la FIG. 77.

Après ces mesures tracez la ligne droite 1-2 (FIG. 76); la ligne d'équerre 1-3, d'une longueur bien égale à la grosseur de poitrine, puis la ligne d'équerre 3-4. De 1 à 5 mettez la 1/2 de grosseur de poitrine, et faites sur ce point 5 la ligne 5-6. Sur cette ligne mettez les 2/3 de gr. de 6 à 7 pour l'avancement du bras. Élevez sur le point 7 la ligne d'équerre 7-8. De 7 à 9 mettez 1/6 de gr. de poitrine (8 pour 48), et, sur ce point 9, élevez la ligne d'équerre 9-10. Mettez les 2/3 de 9 à 10 et 1/8 de 10 à 11, qui fait 6 pour 48. Sur ce point 11, tracez bien juste la ligne d'équerre 11-14. De 14 à 13 mettez 1 cent. Pour la largeur du haut du dos, vous mettez ordinairement 7 cent. de 14 à 18. De 13 à 15 1/6 de gr., et 1/3 et 2 cent. (18 pour 48), de 15 à 16. Puis tracez l'épaulette et l'emmanchure du dos jusqu'au point 22. De 6 à 22 la 1/2 de gr. de poitrine moins 1 cent. Pour le bas, de 1 à 24, la 1/2 de gr. de poitrine moins 4 cent. Tracez la ligne 22-24, jusqu'à 25 (FIG. 76). De 24 à 19 mettez 1/8 de gr. de poitrine, ce qui fait 6 cent. pour 48, et tracez la ligne 22-19. Si le dos, de 19 à 3, est plus large que la moitié de gr. de taille, vous rentrerez la moitié de ce surplus de largeur derrière, de 3 à 21, et l'autre moitié au côté, au point 19, comme l'indique la ligne 22-19 de la FIG. 77.

Pour un homme gros, si vous n'avez pas assez de largeur de 19 à 3 pour votre moitié de gr. de taille, vous sortirez du point 19 ce qui manquerait, de sorte que vous aurez moins d'écartement. Derrière, de 6 à 17, mettez 1/8 de gr. de poitrine (6 cent. pour 48), et, prenant 17 pour centre, et 10 pour rayon, décrivez l'arc 10-4. Découpez alors votre dos, et placez-le sur la ligne 10-4, comme sur la FIG. 76. Puis tracez l'épaulette 26-27 et l'emmanchure, en rentrant un peu sur la ligne 7-8, et en la creusant 1 cent. plus bas que la ligne du dessous de bras (FIG. 76). Pour l'encolure, mettez 14 ou 15 cent. pour 48, de 5 à 29, et sortez 2 cent. de 29 à 30 ; ajoutez 5 cent. de 5 à 31 et autant en bas de 1 à 32. Tracez l'encolure et la courbe du devant, ainsi que sur cette même FIG. 76.

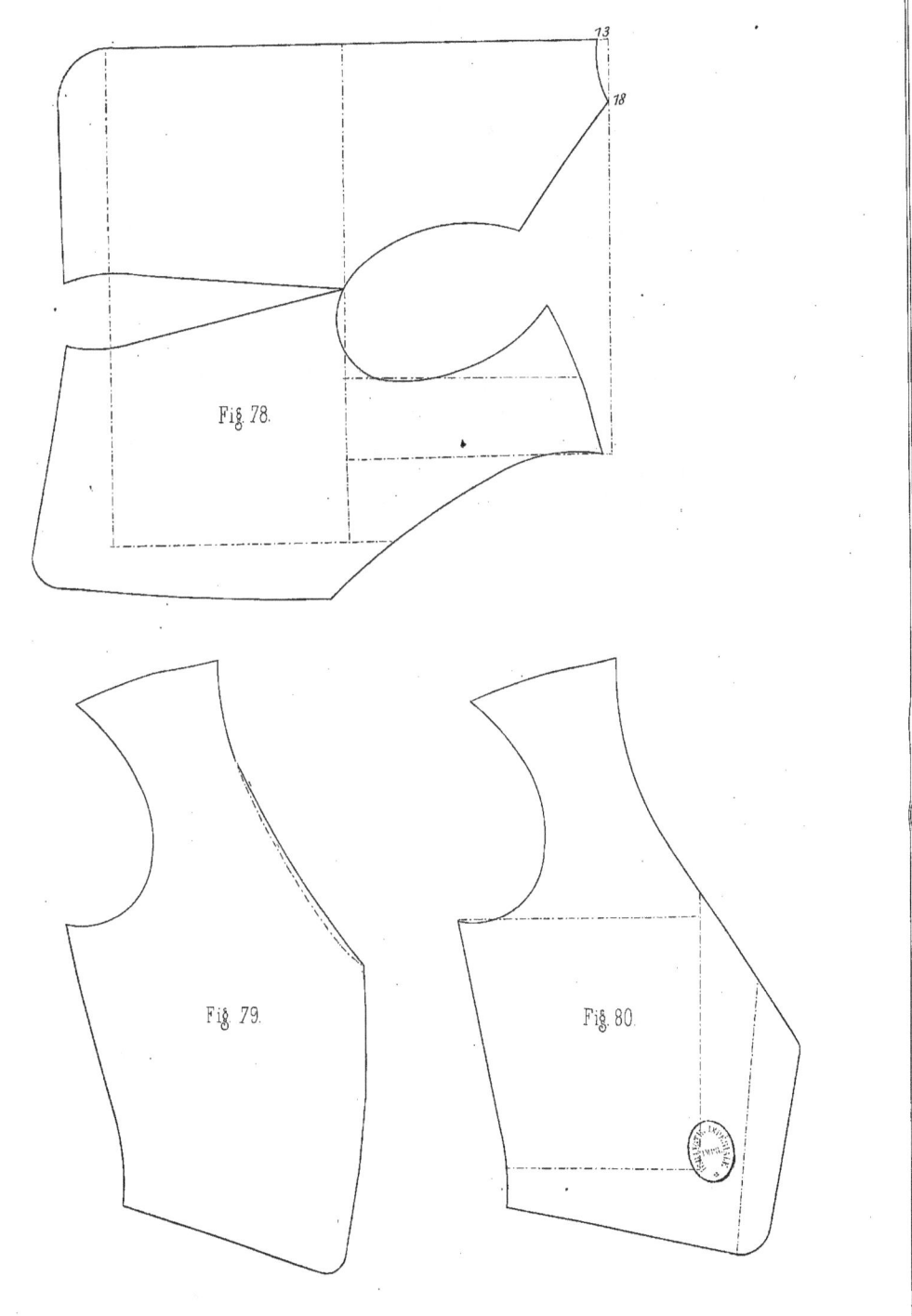

GILETS A CHALE

La FIG. 78 représente un gilet à châle ordinaire dont vous faites l'encolure suivant votre mesure. Pour ce genre de gilet, quand le client a de la poitrine, et que l'encolure est assez basse, vous pourrez fournir un peu de rond à cette encolure à la hauteur de la poitrine, et en soutenant cette partie jusqu'à ce qu'elle redevienne creuse comme l'indique l'encolure pointillée de la FIG. 79, vous aurez ainsi la place nécessaire à la poitrine.

Pour le gilet croisé (FIG. 80), vous tracez un gilet ordinaire au devant duquel vous laissez fournir la croisure plus ou moins large, suivant que vous voulez placer les boutons plus ou moins en arrière. Le gilet croisé, se faisant généralement bas d'encolure, se prête naturellement à faire le rond nécessaire pour emboîter la poitrine.

GILET POUR HOMME VOUTÉ

Le modèle que représente la FIG. 81 est pour un homme voûtée. Il a 1 cent. de plus d'avancement de bras et la distance ordinaire de 7 à 9. Pour cette tenue voûtée, le dos doit avoir un et jusqu'à deux cent. de plus de hauteur. et, pour cela, dépasser la ligne 11-4, ainsi que le représente cette FIG. 81. Quand vous hausserez le dos, ce qui annonce généralement un homme voûté, vous devrez aussi faire une pince au haut du dos, en rentrant le point 13 d'un demi-centimètre ou d'un cent., suivant le plus ou moins de hauteur que vous donnerez. Cette pince est très-nécessaire pour emboîter la convexité du dos ; sans cela, l'étoffe, étant à plat sur le dos rond, bâillerait à l'emmanchure. Si vous coupez sur la mesure, il faut toujours mettre 2 cent. 1/2 de plus qu'une grande pièce, de 6 à 13, à cause de l'écartement du dessous de bras 19-24, qui, en se rapprochant, fait descendre le dos.

Pour une tenue renversée, la variation étant moins grande, le point 18 du dos ne doit pas descendre de plus d'un demi-centimètre ou un centimètre plus bas que la ligne 11-14.

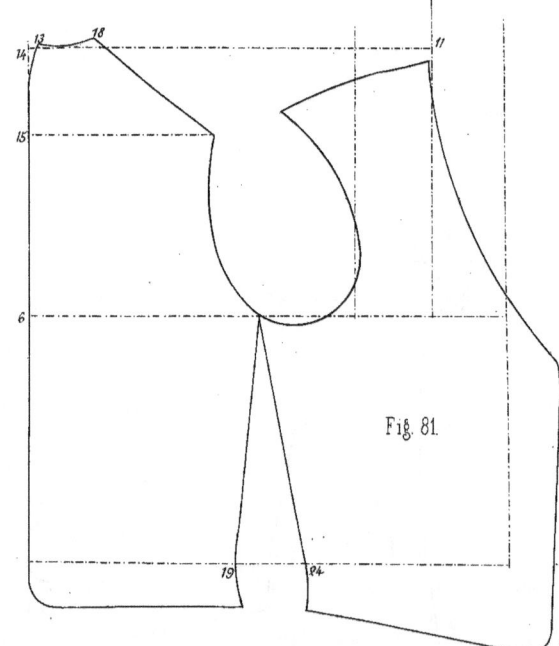

Fig. 81.

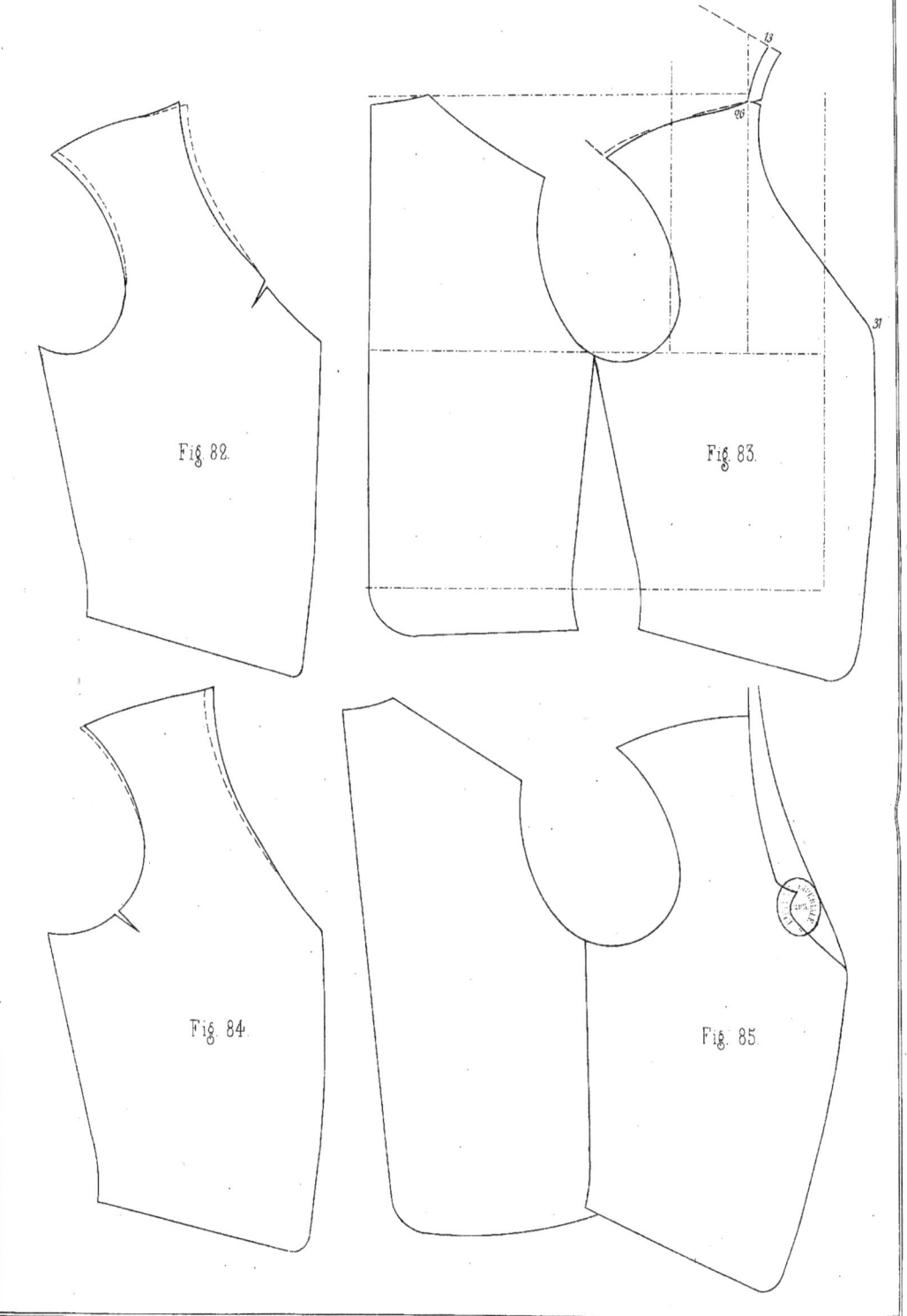

GILETS SANS COLLET

La FIG. 83 représente un gilet sans collet qui doit être tracé comme le gilet ordinaire. Vous mettez votre mesure d'ouverture du point 13 au point 31, telle que vous l'aurez prise et selon que le client la désire. Puis vous sortez 2 ou 3 cent. du point 26, pour former la hauteur d'un pied de châle ordinaire. On rajoute au dos une petite bande d'étoffe pareille au gilet et qui va d'une épaulette à l'autre en figurant un petit collet droit. La partie creuse de l'encolure doit être fortement tendue, afin de relever assez pour placer le cou.

GILET AYANT BESOIN DE SUÇONS

Si la personne pour laquelle vous coupez a la poitrine bombée, ce qui vous contraint à suçonner le gilet, vous faites un suçon à l'emmanchure si le fort de la poitrine est à cet endroit (FIG. 84), et à l'encolure (FIG. 82) si la poitrine est plus forte en avant. Vous rapprochez les côtés du suçon comme s'il était cousu, vous appliquez le modèle sur l'étoffe, et, après l'avoir tracé, vous coupez en suivant ses contours. De cette façon, vous évitez de déranger l'épaulette.

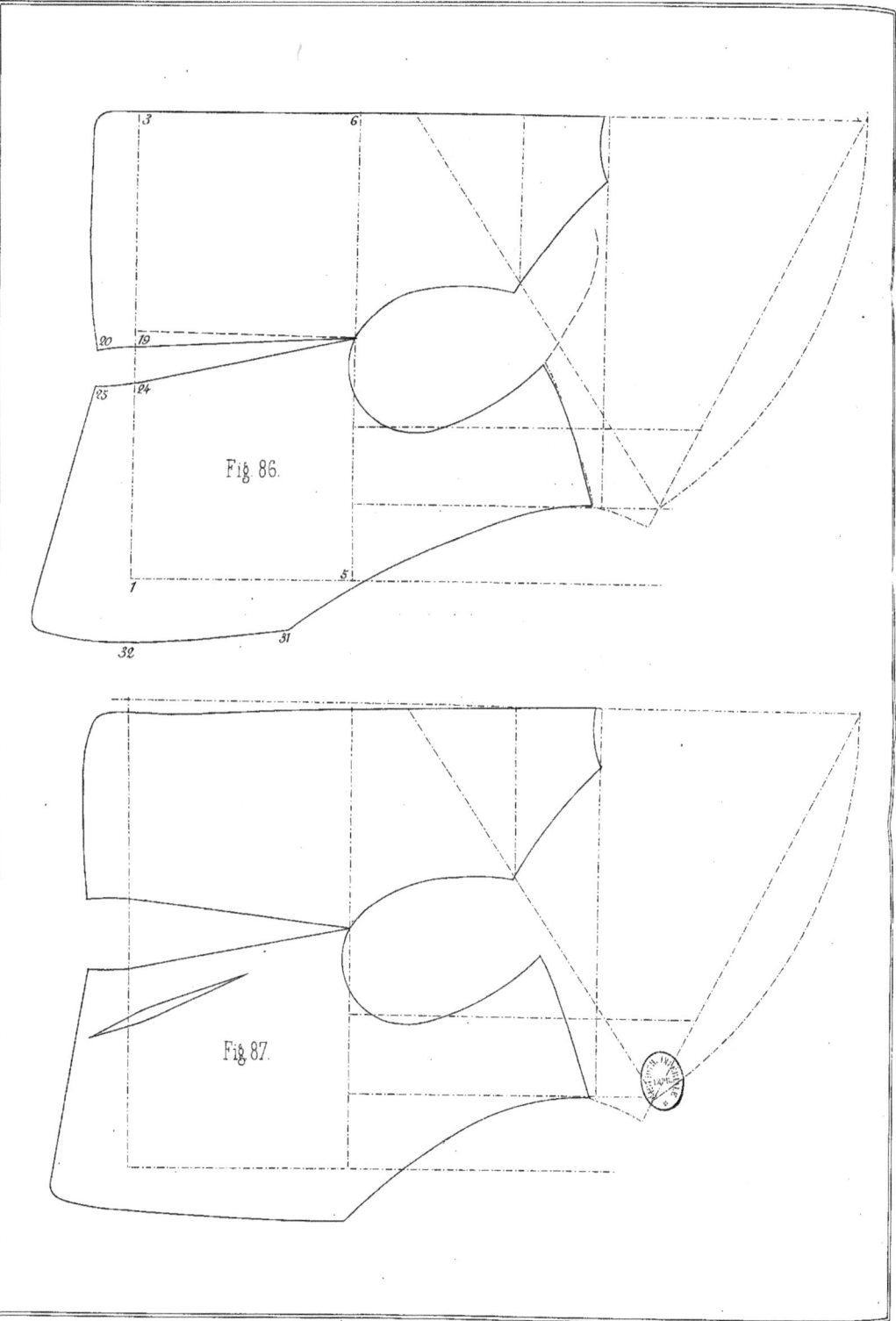

Fig. 86.

Fig. 87.

GILETS DIVERS

Le gilet d'un homme gros (FIG. 86) se trace comme pour la taille ordinaire, excepté la profondeur d'emmanchure, pour laquelle vous opérerez comme pour le corsage de la grande pièce en vous servant des proportions que vous indique la table de la page 8. La hauteur de la hanche se fait comme pour une grosseur de 50.

La largeur du haut se proportionne comme pour le tracé ordinaire. Pour le bas, lorsque la moitié de la grosseur de taille ne pourra pas être contenue dans la distance qui existe entre le point 3 et la ligne pointillée 19, on ne doit rien sortir derrière. Dans ce cas, c'est sur le coté, au point 19, que vous sortirez ce qui dépassera de votre 1/2 de grosseur, pour que l'ouverture 24-19 se trouve plus fermée, ainsi qu'il est nécessaire pour un homme dont la taille est pleine au-dessus de la hanche. Pour le devant, vous mettez l'autre moitié de grosseur de taille en partant du point 24, et en sortant au devant autant qu'il sera nécessaire pour former le point 32.

Quand, au contraire, le client sera mince de taille, et que vous aurez trop de largeur au devant, vous ferez un suçon se dirigeant en arrière si le client n'a pas de poitrine (FIG. 87), afin seulement d'ôter la largeur qui est de trop, sans pour cela donner de la poitrine. Si la personne, quoique mince de taille, a de la poitrine, vous porterez, au contraire, ce suçon en avant (FIG. 88), afin d'ôter la largeur que vous avez de trop, et de donner en même temps de la poitrine.

Si le client a la hanche saillante, est plat de poitrine, et si vous n'avez pas trop de largeur à la taille vous devrez mettre un soufflet sur la hanche.

La FIG. 88 représente les épaules basses. Pour cette conformation, vous pourrez vous servir d'un modèle ordinaire. Vous y ajoutez un peu plus de hauteur au dos (supposons un cent.), autant à la pointe d'épaulette 26, et vous abattez un peu l'autre pointe 27.

Pour les épaules hautes (FIG. 89), vous ferez le contraire; vous devez donner un cent. de moins de hauteur au dos, abattre d'autant la pointe d'épaulette 26, et sortir un peu la pointe 27. Pour ce genre d'épaule, il est bon de faire un suçon sur l'épaulette, comme le représente cette Figure.

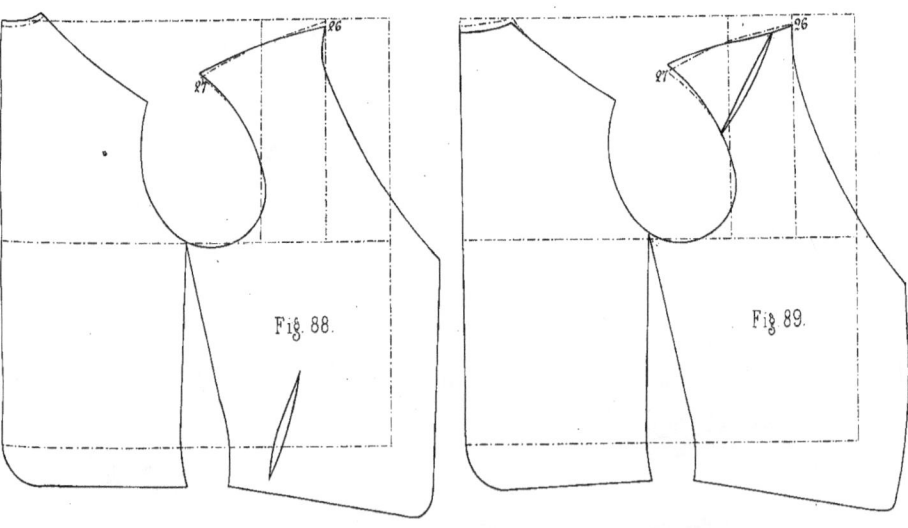

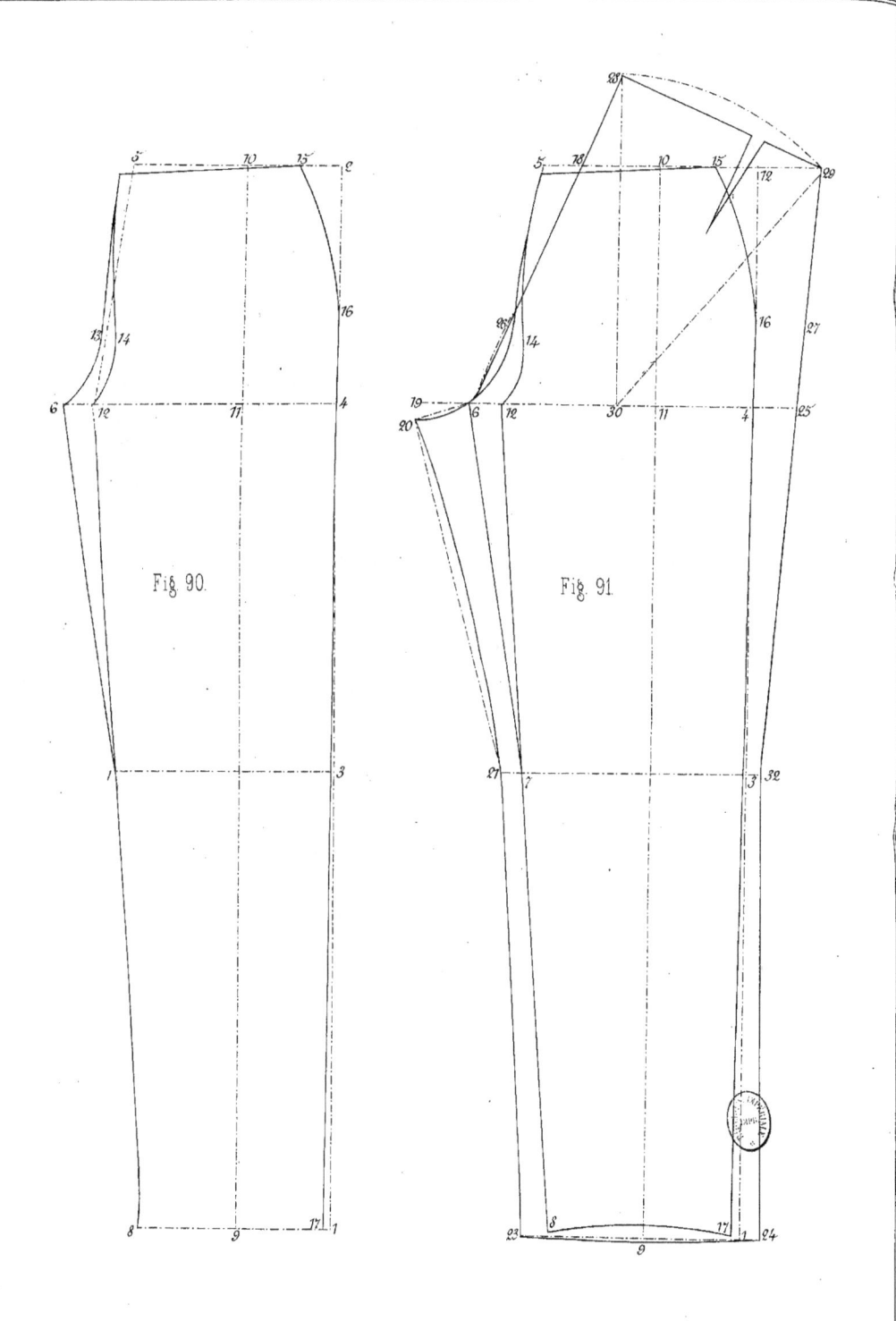

PANTALONS

Pour le pantalon, il faut prendre les longueurs du côté et de l'entrejambe, puis la mesure de la grosseur du bassin sur laquelle on opère, et qui doit être prise juste, plutôt serrée que lâche. Prenez ensuite la grosseur de ceinture et les largeurs de cuisse, de genou et du bas, suivant le désir du client. Ces mesures s'appliquent sur le tracé à l'endroit où on les a prises.

Pour tracer le devant (FIG. 90), tirez la ligne droite 1-2, d'une longueur égale à celle du côté. Sur cette ligne, en partant du point 1, marquez le point 3, 4 cent. plus haut que la moitié de la longueur de l'entrejambe, et le point 4 à la longueur d'entrejambe. Élevez une ligne d'équerre sur chacun de ces points ; en haut, la ligne 2-5, à la fourche 4-6, au genou 3-7, et au bas 1-8. De 1 à 9, mettez 1/4 de grosseur du bassin moins 2 cent., soit 10 pour 48, et la même distance en haut de 2 à 10. Tirez la ligne droite 10-9; cette ligne, qui guide tout le tracé du pantalon, est la ligne d'aplomb. Mettez le 1/3 de gr. de bassin de 11 à 12, et 1/16 de 12 à 6, 3 cent. pour 48. Ce 1/16 forme le côté fort. En haut. de 10 à 5, mettez 1/4 de gr. de bassin, puis tirez la ligne droite 5-12. Marquez le point 13 à 6 cent. du point 12. Tracez la courbe 5-6 en sortant 2 cent. de la ligne au milieu et en ne la faisant pas toucher au point 13 pour la courber légèrement de ce point jusqu'au point 6, comme la FIG. 90. Tracez après la courbe 5-12, telle qu'elle est dessinée. De 13 à 14, il ne faut pas creuser ordinairement plus d'un cent 1/2 : c'est une recommandation des plus importantes. Le côté faible doit être tendu de 12 à 14; le haut doit être rentré au fer, de 14 à 5 et de 5 à 13, afin que la rondeur que l'on y met devienne droite et soit repoussée vers le milieu des devants. De 5 à 15 mettez la 1/2 de gr. de ceinture moins 2 cent., et tracez la courbe 15-16 pour la hanche, qui, par ce moyen, sera plus abattue si la personne est mince et restera plus pleine quand cette personne aura plus de grosseur de ceinture. Terminez le haut, en abattant un cent., du point 5, en mourant jusqu'au 15. Pour le bas, mettezde 9 à 17 la moitié de la largeur que vous voulez donner au devant, et de 9 à 8 la même largeur et 2 cent. de plus. Tirez pour le côté faible la ligne droite 8-12, et pour le côté fort, la ligne 6-7. Tracez enfin le côté par la ligne droite 4-17.

Après avoir coupé le devant, posez-le sur l'étoffe destiné au derrière (FIG. 91). Prolongez les lignes de traverse en haut, à la fourche, au genou et en bas, afin qu'elles se continuent de chaque côté du derrière. Quand le pantalon sera coupé, faites des petites hoches à ces lignes au devant comme au derrière, pour qu'il ne soit pas dérangé en faisant les coutures. Rentrez en haut du devant 1/12, 4 cent. pour 48, de 5 à 18, et tirez la ligne droite 6-28, passant par 18. Mettez 1/8 de 6 à 19, puis, prenant le point 7 pour centre et 6 pour rayon, décrivez l'arc 6-20, et creusez la fourche de 6 à 20, comme la FIG. 91. Au genou, de 7 à 21 (pour jambes droites), faites le derrière à l'entrejambe 3 ou 4 cent. plus large que le devant. Prenez la largeur du devant, de 7 à 3: posez cette largeur à 21 et marquez le point 22 à l'endroit ou portera le reste de votre largeur du genou. Pour le bas, mettez la moitié de la largeur que vous voulez lui donner de 17 à 23, pour le dedans du derrière ; et pour le côté, mettez la même valeur de 8 à 24. Après avoir posé ainsi vos largeurs au bas et au genou, tirez la courbe 20-21, en la creusant d'un cent.1/2 au milieu, et continuez-par une ligne droite, de 21 à 23, ainsi que l'indique la FIG. 91. Pour la cuisse, mesurez la largeur du devant, de 6 à 4, retranchez cette valeur de votre largeur et mettez le reste de cette mesure au derrière de 20 à 25. Mesurez de même la gr. du bassin de 14 à 16 et de 26 à 27, en y ajoutant 5 cent. pour un pantalon collant et davantage si vous le désirez plus large. Mettez aussi votre grosseur de ceinture de 5 à 15 et de 28 à 29, en laissant de quoi faire le suçon et les coutures. Tracez alors le côté du derrière, en partant du point 29 et en passant par 27, 25, 22 et 24. Mettez la même longueur de 25 à 29 que de 4 à 15. De 11 à 30 1 1/2, 4 pour 48 ; puis enfin, prenant le point 30 pour centre et 29 pour rayon, décrivez la courbe 29-28 pour la hauteur, et s'il faut des bretelles, faites le point 28 du derrière 2 ou trois cent. plus haut.

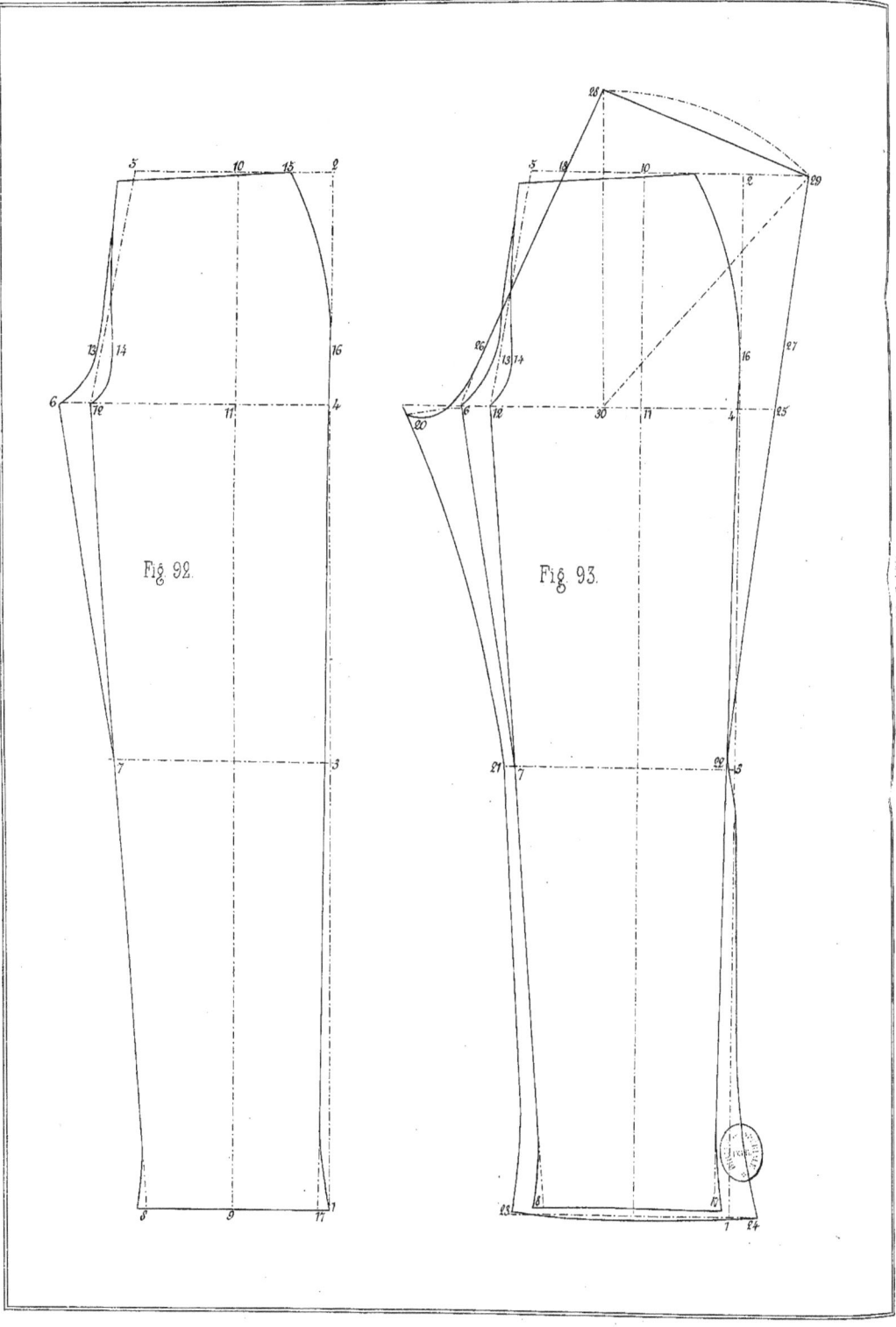

PANTALON DEMI-COLLANT

Le pantalon demi-collant dessine légèrement les formes de la jambe, sans pourtant en laisser apercevoir nettement tous les contours. C'est celui qui est le plus adopté, comme pantalon habillé et de soirée, par les personnes qui se mettent avec goût. Il se trace entièrement comme l'autre ; la FIG. 93 représente un pantalon de 44 cent. de largeur du genou. Comme ce pantalon doit être légèrement cambré en bas sur le devant, afin de dessiner insensiblement la guêtre, vous sortirez les points 17 et 8 d'un cent., ainsi que l'indique la FIG. 92. Le côté du derrière est creusé au point 22, afin de dessiner le jarret ; puis il faut former un peu le rond pour le mollet et creuser légèrement le bas en arrivant au point 24, pour cintrer un peu le pantalon au-dessus du coude-pied.

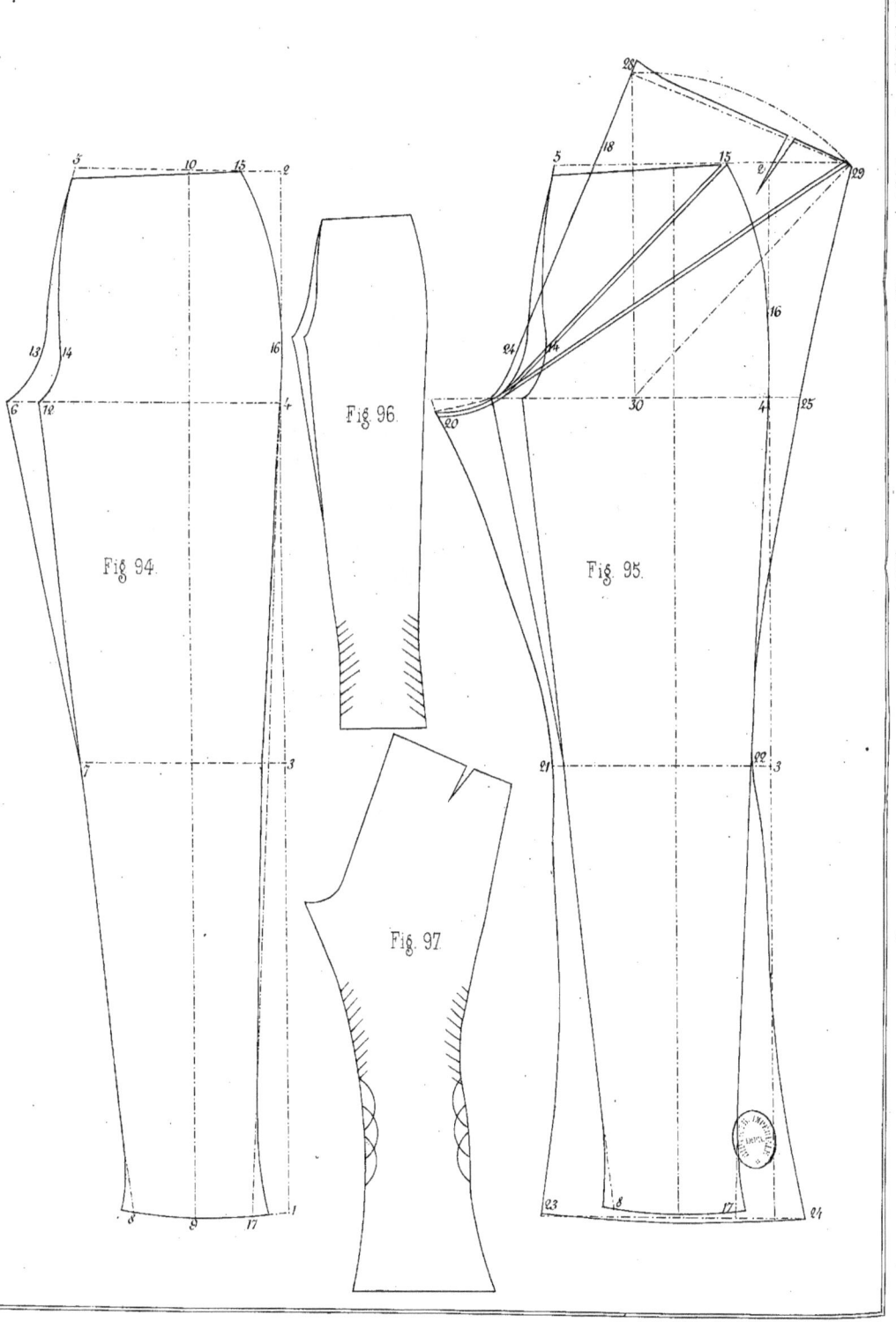

PANTALON COLLANT

Ce pantalon doit parfaitement dessiner toutes les formes de la jambe. Il se fait juste du haut et des jambes. La FIG. 95 représente un pantalon collant et à guêtre. La FIG. 96 représente le devant d'un pantalon formant la guêtre ; les places qui doivent être tendues y sont marquées, et la FIG. 97 donne le derrière, qui doit être tendu aux endroits également indiqués, afin de dessiner le jarret, et être rentré aux endroits marqués par des ronds, afin de dessiner le mollet.

Pour ce pantalon, qui est juste, il est prudent de prendre la mesure de renversement, afin de l'appliquer sur le tracé comme sur cette FIG. 95, pour lui donner le renversement nécessaire; car un pantalon qui n'en aurait pas assez gênerait en s'asseyant, remonterait du bas, tirerait de la fesse au genou, et ferait des plis sur le ventre. On comprend facilement combien il est important d'éviter tous ces défauts. Il faut donc que ce pantalon ait un peu d'étoffe au défaut de la fesse. Pour cela, vous mettez 5 cent. de 5 à 18 (FIG. 95); le point 28 se trouvera ainsi porté plus sur le côté; et comme vous mettez la même largeur au derrière pour la ceinture, le point 29 se trouvera plus éloigné du point 2. Il est indispensable aussi que ce pantalon ait plus de hauteur au derrière; c'est pour cela que nous avons combiné le point 30 avec le 29 pour faire la hauteur. Par ce moyen, plus vous avez de renversement, plus vous obtenez de hauteur. Creusez fortement le derrière au point 22 ; et, partant de ce point, faites de suite la courbe du mollet plus ou moins saillante, suivant sa grosseur. Après le mollet, cintrez assez fortement jusqu'au point 24 pour la guêtre (FIG. 95). Tracez ensuite le dedans du derrière par la courbe 20-21 un peu plus creusée que le pantalon ordinaire, puis de 21 à 23, mais en laissant sortir moins de largeur au mollet, parce qu'il est ordinairement porté plus en dehors qu'en dedans. Quand vous prenez la mesure de longueur de jambe, ayez soin de marquer la hauteur du jarret et du mollet.

Pour dessiner la guêtre facilement, il faut que le bas du devant soit le plus étroit possible. Aussi vous voyez le devant de ce pantalon (FIG. 94) très-étroit du bas, afin que l'ouvrier puisse le cintrer plus facilement au fer. Ce devant a 14 cent. de largeur du bas. Les points 8 et 17 sortent de plus d'un cent. des lignes droites, et le devant rentre d'un cent., au point 3, en dedans de la ligne 4-17.

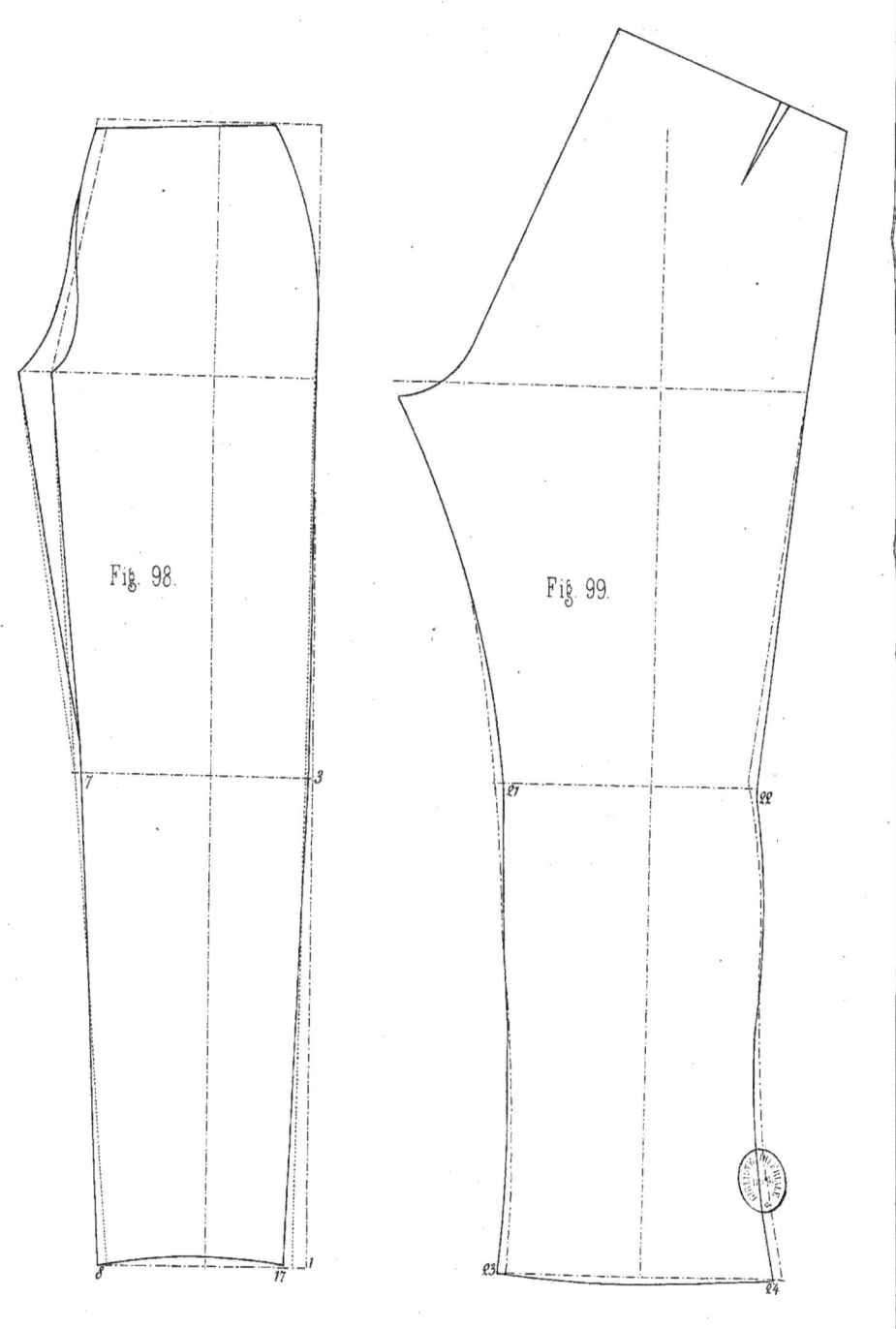

Fig. 98. Fig. 99.

JAMBES ARQUÉES EN DEHORS

Les jambes arquées, sur la Figure ci-contre, ont les genoux éloignés l'un de l'autre, sont rapprochées du bas et les pieds se touchant. Pour ce genre de conformation, vous devez couper le haut comme pour un autre. Vous creusez d'un 1/2 cent. ou de 1 cent. l'entrejambe du devant, à la hauteur du genou, point 7 (FIG. 98), et vous sortez le point 8 du bas, autant que vous avez rentré le point 7 du genou ; pour le côté, vous sortez au genou, point 3 (même FIG.), ce que vous avez rentré au point 7, et vous rentrez au bas, point 17, ce que vous avez sorti au point 8 (même FIG.). Pour le derrière (FIG. 99), vous faites les mêmes changements ; vous rentrez le point 21 autant que le devant, et sortez de même le bas 23. Pour le côté, vous sortez le genou 22 et rentrez le bas 24 autant qu'au devant. Ces changements sont nécessaires parce que les personnes dont nous parlons rapprochent leurs pieds en marchant, ce qui fait toucher leurs pantalons trop fort au bas de l'entrejambe.

Le tracé pointillé de ces deux Figures représente les jambes droites.

Quoique fort simple, cette combinaison suffit pour les jambes les plus arquées, car il faut dessiner le moins possible la conformation des personnes qui ont cette structure, et ne pas faire leurs pantalons aussi arqués que leurs jambes, afin de rendre leur difformité moins sensible.

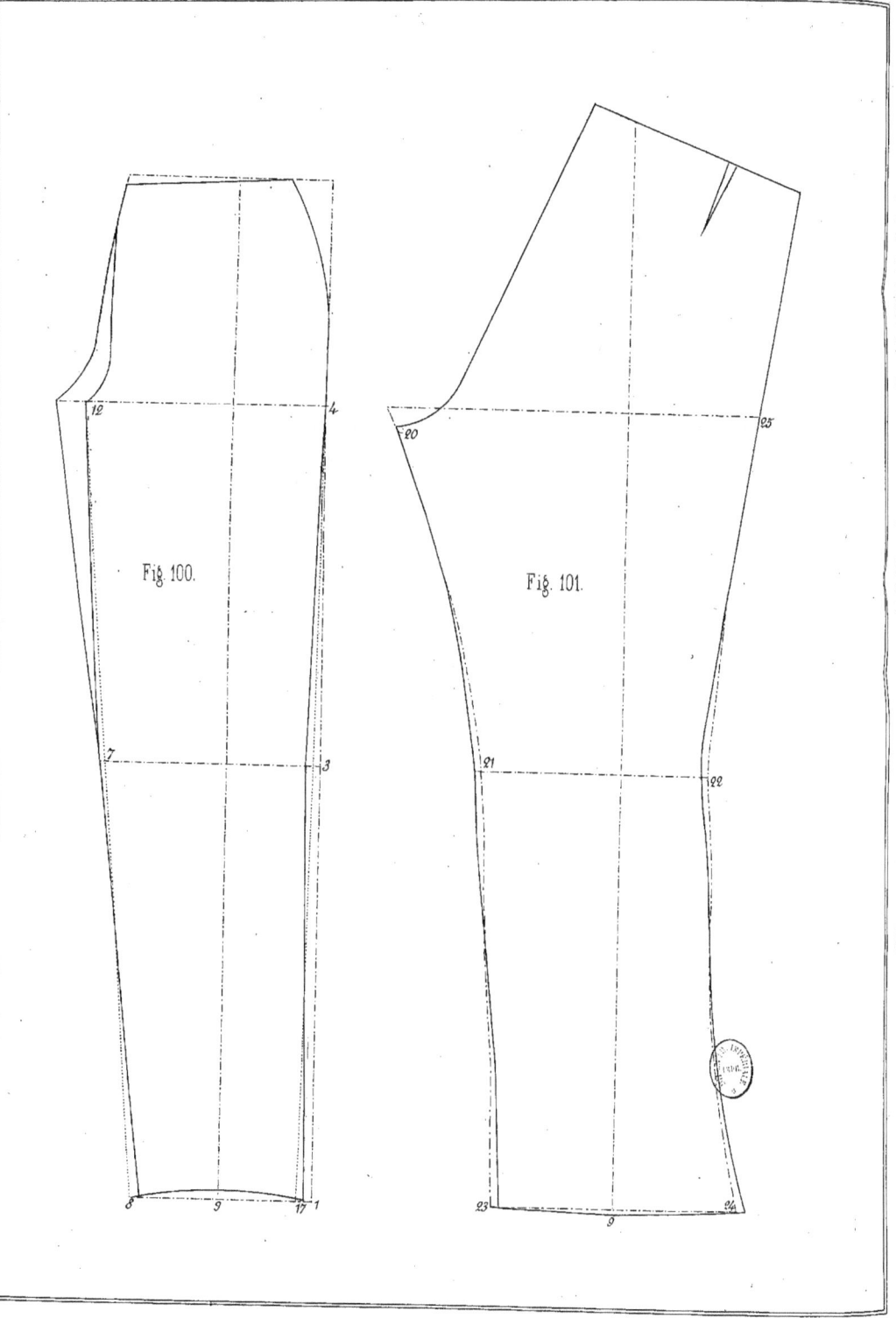

JAMBES ARQUÉES EN DEDANS

Les jambes arquées en dedans, au contraire de celles indiquées à la page précédente, ont les genoux rapprochés, se touchant même, et les pieds éloignés l'un de l'autre. Pour les jambes conformées de cette façon, après avoir tracé le haut, vous opérez en sens inverse que pour les jambes arquées en dehors ; vous sortez donc au devant l'entrejambe, à la hauteur du genou, d'un cent. au plus, et autant au derrière, puis vous rentrez au bas ce que vous avez sorti au genou. Pour le côté, vous rentrez au genou ce que vous avez sorti à l'entrejambe ; et au bas, vous sortez ce que vous avez rentré, afin de conserver les mêmes largeurs.

Les lignes pointillées représentent une jambe droite ordinaire.

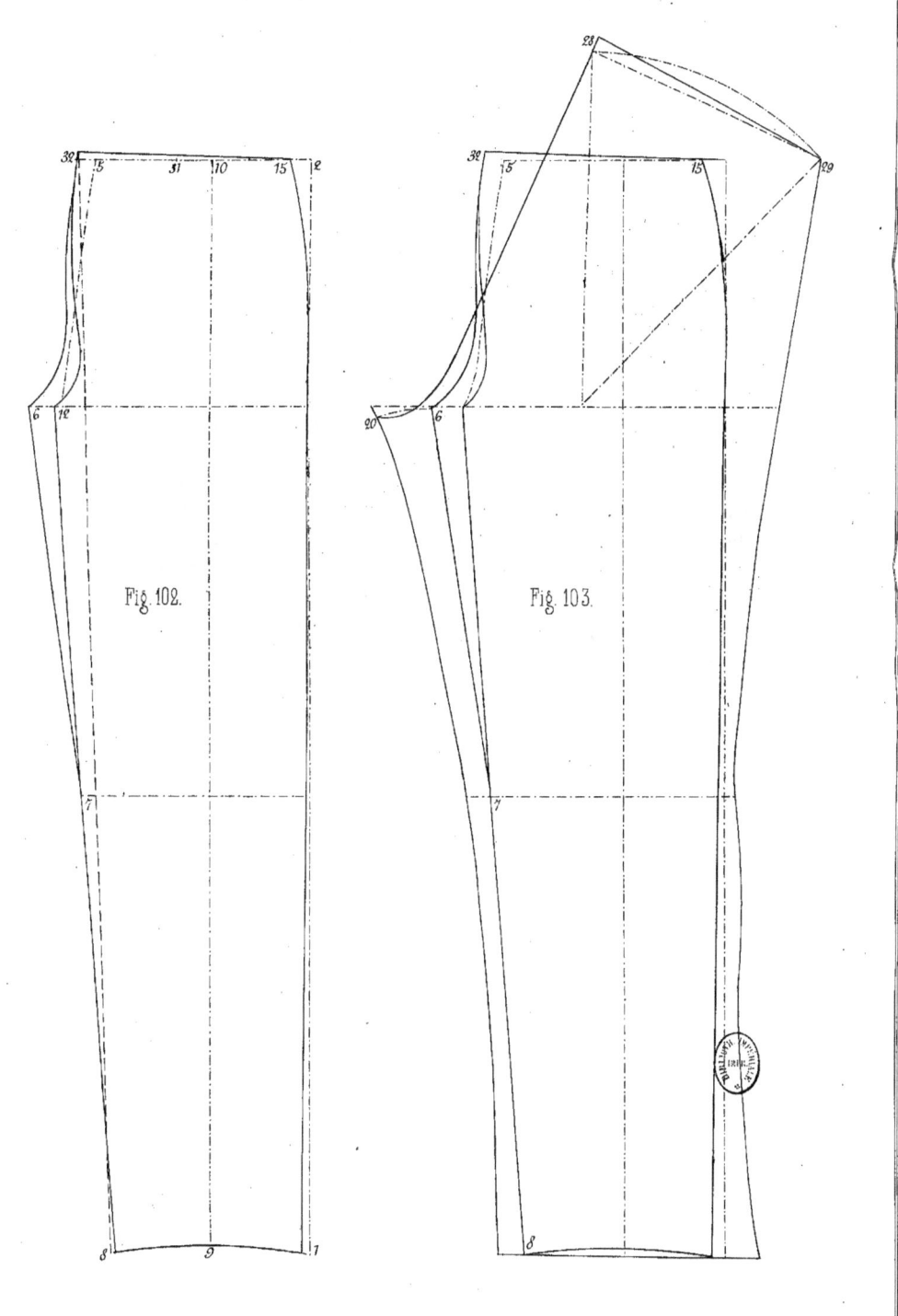

Fig. 102.

Fig. 103.

PANTALONS POUR HOMME GROS

Il faut, pour la mesure d'un homme dont le ventre est gros, prendre la hauteur que doit avoir le devant, en plaçant le ruban métrique en haut de ce devant, en touchant le dedans du genou, et de là au bas. Pour un pantalon dont la grosseur de ceinture aura plus de 40 cent. pour 48 de bassin, il est nécessaire de sortir sur le devant. Pour cela, vous devez opérer comme il suit : Vous mettez 1/12, de 10 à 31 (FIG. 102), puis 1/4 de ceinture de 31 à 32, et autant de 31 à 15. De cette façon, en sortant pour le devant, vous sortez en même temps pour la hanche, qui est généralement, avec cette conformation, pleine et peu rentrée. Si vous n'avez pas de mesure, vous sortez au haut la moitié de ce que vous avez sorti en avant. Voyez le point 32 de la FIG. 102. Comme ce point est très-essentiel, pour un homme qui a un gros ventre, il est indispensable d'en mesurer la hauteur, comme nous venons de le dire, en plaçant le ruban métrique en haut, sur le devant, au point 32, en passant au point 7 du genou, et en descendant jusqu'au bas du pantalon, point 8. C'est ainsi que le démontre la ligne partant du point 32, passant par 7, allant jusqu'au 8 (FIG. 102), et qui est placée de la manière que vous avez dû prendre cette mesure sur le client; car un pantalon trop court sur le devant fait un pli qui part du haut et ne se termine qu'au jarret.

Si le ventre est très-développé, il est inutile de faire un suçon au derrière, qui, dans ce cas, est ordinairement plat. Pour certaines personnes, aimant être à leur aise, vous pourrez mettre 1 cent. de plus de 6 à 20. Puis mesurez la largeur de ceinture comme pour un autre, et opérez de même pour la hauteur du derrière, en laissant, au point 28, 2 ou 3 cent. de plus de hauteur que pour un pantalon fait pour une structure ordinaire.

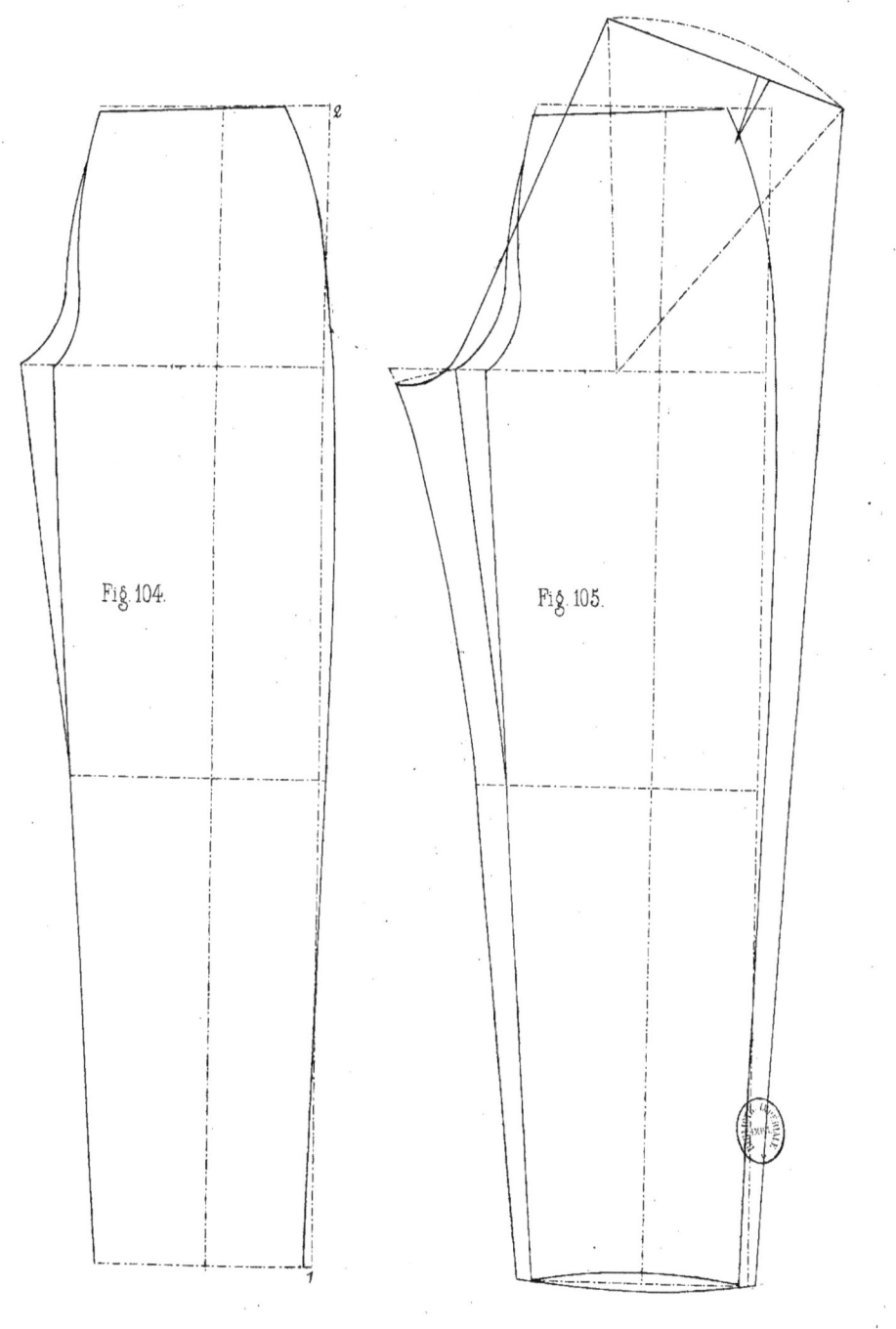

Fig. 104.

Fig. 105.

PANTALON DROIT

Les FIG. 104 et 105 représentent un pantalon droit, large du haut et étroit du bas. Son tracé est le même que celui du pantalon ordinaire, en sortant, au fort de la cuisse, 1 à 2 cent. de la ligne de côté 1-2 (FIG. 104).

La FIG. 106 représente un pantalon collant, spécialement fait pour monter à cheval. Pour que le cavalier en selle ne soit aucunement gêné, ce genre de pantalon doit avoir un cent. de plus de renversement que le collant ordinaire, et, par conséquent, plus de hauteur au derrière, au point 28. Il faut aussi 1 et jusqu'à 2 cent. de plus de fourche, de 6 à 20, et l'entrejambe doit être plus creusée, comme vous le voyez sur cette FIG. 106.

Changement de couture. — Si vous désirez que la couture de la fourche soit portée plus en arrière qu'elle est, vous laisserez plus de longueur à cette partie du devant, ainsi que vous le représentent les lignes B et C de la FIG. 107. Pour ne rien changer à l'aplomb de ce pantalon, vous retrancherez au derrière à la même place, ce que vous laissez fournir par le devant, comme le démontrent les lignes B et C de la FIG. 108. Pour changer de place la couture de côté, vous opérerez de même ; si vous voulez la porter plus en avant, vous laisserez fournir au derrière ce que vous supprimerez au devant ; et, pour la porter plus en arrière, vous supprimerez au derrière ce que vous fournirez par devant. La ligne du devant se rapportera avec la ligne D du derrière, E avec E et F avec F. De cette façon vous pourrez changer vos coutures de place sans changer l'aplomb du pantalon, et en lui conservant ses mêmes largeurs.

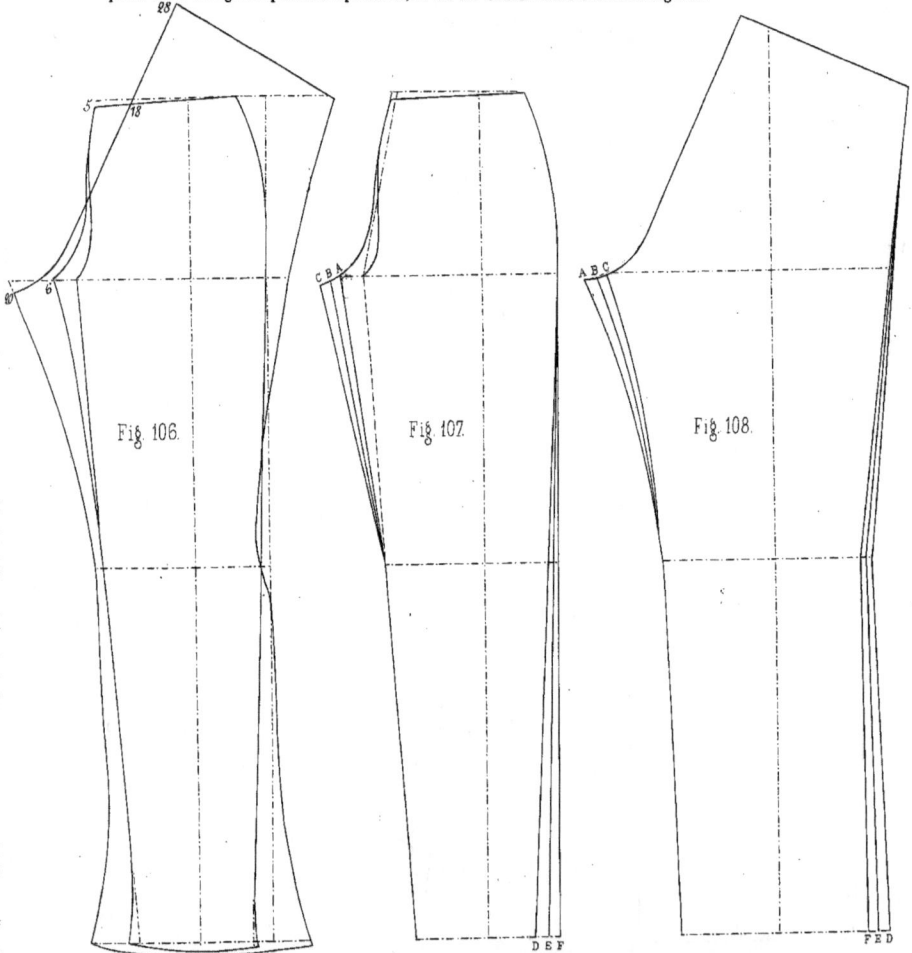

Fig. 106.   Fig. 107.   Fig. 108.

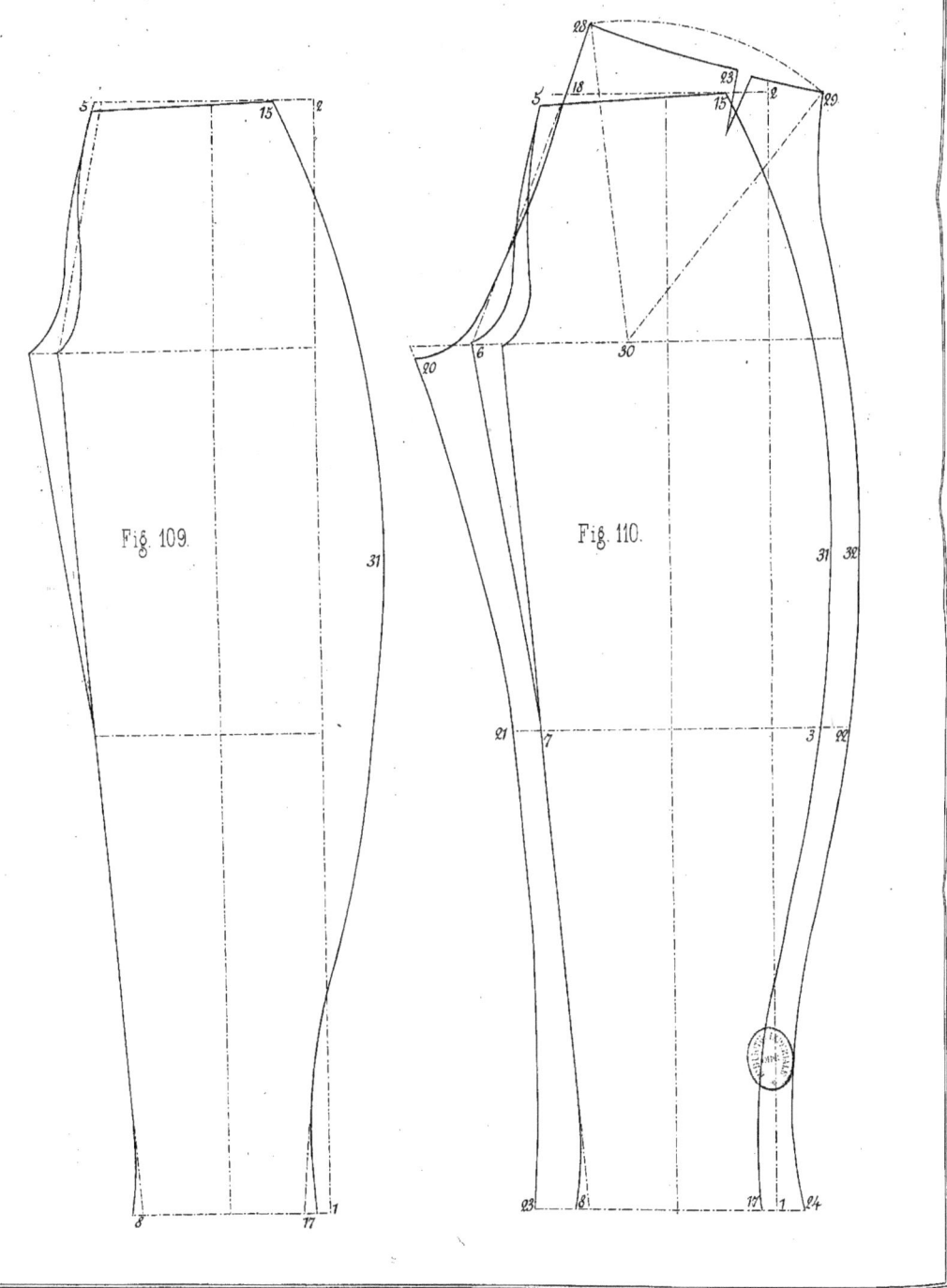

PANTALON A LA HUSSARDE

Les lignes du pantalon à la hussarde se tracent comme pour un autre.

Prolongez la courbe de la hanche en partant du point 15 et en passant par 31, qui se trouve éloigné de 1/8 de la ligne 1-2 (FIG. 109). Puis tracez le reste du devant, comme le représente cette Figure. Le point 5 en haut du devant, doit sortir de 2 cent. de la ligne. Pour le derrière, ne mettez que 2 cent. de 5 à 18. Puis, marquez votre grosseur de ceinture en suivant le système ordinaire. A l'entrejambe, il faut mettre ordinairement 4 cent. 1/2 de plus au derrière qu'au devant, de 7 à 21. La largeur du bas se fait de la manière habituelle. Tracez le côté du derrière en sortant du devant le point 32 de 2 ou 3 cent., ou mettez la largeur que le client désire. Pour la hauteur du derrière, vous pivoterez comme à l'ordinaire, de 29 à 28. Or, comme le point 19 est moins éloigné pour le pantalon ordinaire, vous obtiendrez généralement 3 cent. de moins de hauteur, au point 28 ; comme il faut que ce pantalon soit juste sur la fesse, vous pourrez creuser un peu le haut du derrière, de 33 à 28, et tendre cette partie creusée.

NOTA. L'on doit, en la cousant, serrer un peu la couture du côté.

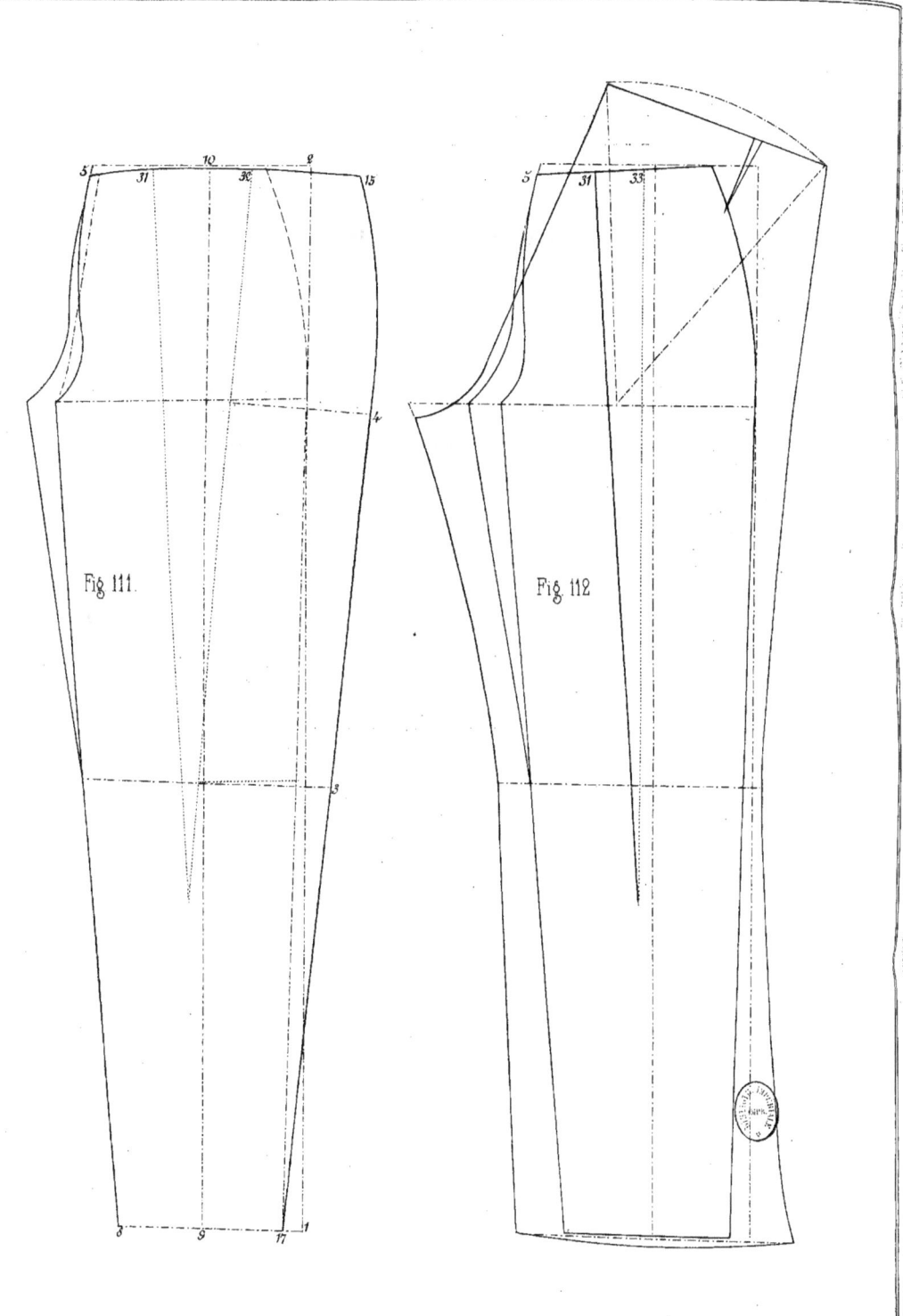

PANTALON A PLIS

Le meilleur système, pour faire le pantalon à plis, est de le tracer comme tout autre, en formant les plis dans l'étoffe, aussi grands qu'on le désire et à la place qu'on veut leur donner.

Quand vous avez ainsi formé les plis, vous tracez le reste, même le derrière, absolument comme le pantalon droit.

La FIG. 112 représente un seul pli ; mais si le client en désire plusieurs, vous les plierez de même.

La FIG. 111 représente le devant, dont le pli est ouvert.

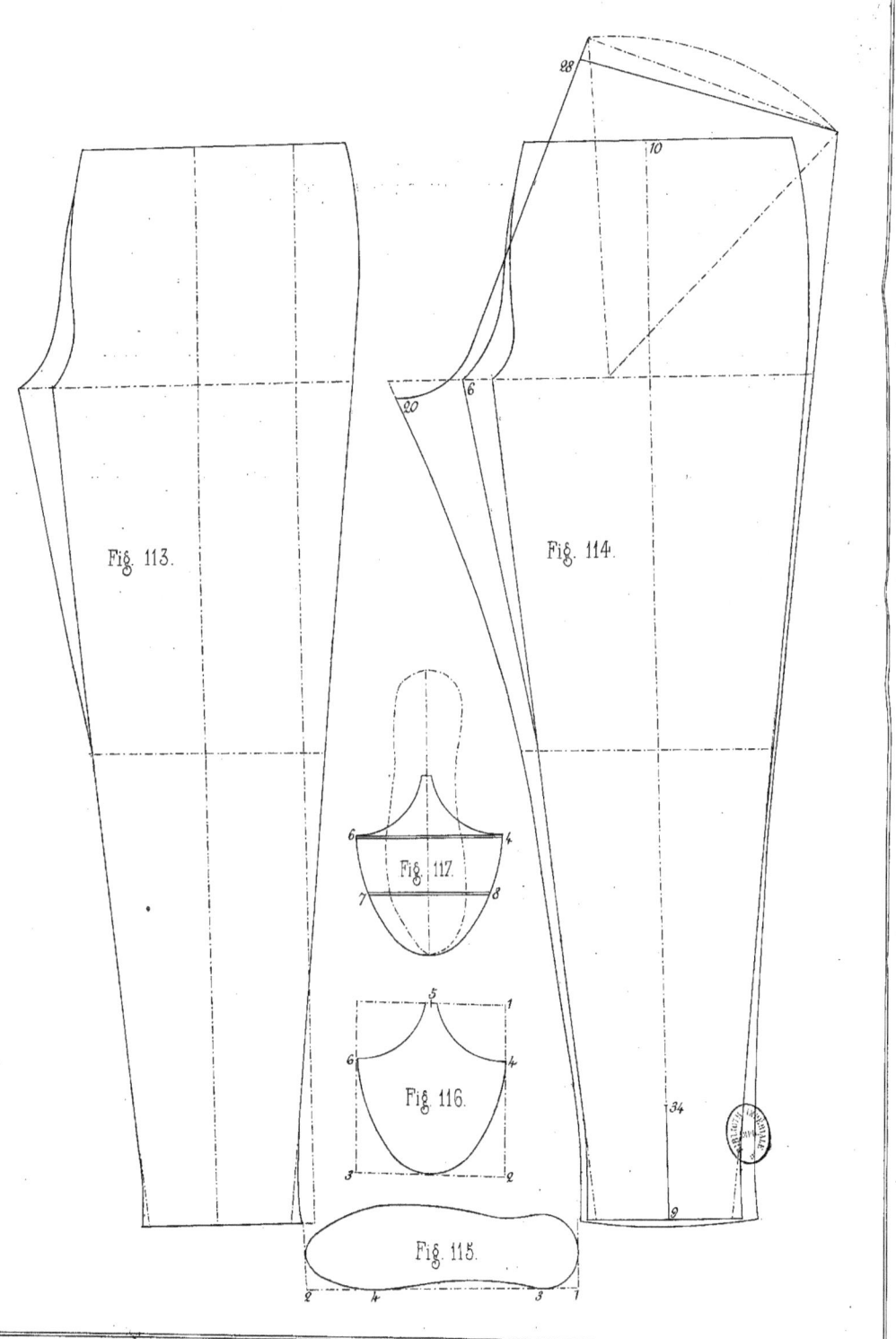

PANTALON A PIEDS

Il y a deux genres de pantalons à pieds ; l'un est fait presque collant, mais alors il ne se fait qu'en étoffe très-élastique. L'autre, que représente la FIG 114, se fait froncé et à coulisse tout autour de la ceinture. Son devant se trace comme le devant de la page précédente, dont le pli est ouvert. Le derrière se fait aussi large en haut que le devant, afin que les fronces en soient partagées comme au devant.

Mettez un ou deux cent. de plus à la fourche, de 6 à 20, et le point 28 au haut du derrière, se fait de 3 ou 4 cent. plus bas (FIG. 114). Le bas se fait suivant la mesure que vous aurez prise. Ordinairement on met 15 cent. pour la largeur du bas du devant, qui doit être fendu au milieu, à 10 ou 12 cent. de hauteur. La largeur du bas du derrière se fait en suivant le principe ordinaire.

Pour la semelle, qui se coupe en biais, tirez la ligne droite 1-2 (FIG. 15) d'un cent. plus longue que le pied. Cette ligne représente le dedans du pied ; mettez pour un pied ordinaire, 7 cent. au point 3 pour la largeur du talon, et 8 ou 9, suivant la largeur du pied, au point 4, creusez un cent. et demi du point 3 au point 4, et laissez le côté un peu plus plein.

Pour l'avant-pied (FIG. 116), mesurez la largeur du milieu de la semelle ; retranchez cette largeur de la mesure de hauteur du coude-pied, et faites un carré ayant en largeur le reste de cette mesure, et en longueur la mesure que vous aurez prise sur le client depuis le point 34 de la fente du bas (FIG. 114) jusqu'au bout du pied. Nous supposons que cette mesure nous a donné 18 cent., longueur que nous donnons à l'avant-pied, de 1 à 2 (FIG. 116), et que le reste de la hauteur du coude-pied a donné 16 cent., que nous mettons pour la largeur, de 2 à 3 (Même Fig.), De 1 à 4 nous mettons 6 cent. pour former la courbe 4-5, qui doit être tendue jusqu'à devenir droite, pour être cousue avec l'un des côtés de la fente du bas du devant 34-9, et nous opérons de même pour l'autre côté 5-6, de l'avant-pied.

Vous devrez mesurer aussi la semelle au plus large du pied, et mettre le reste de la mesure que vous aurez prise sur le client à la même place, à l'avant-pied, de 7 à 8 (FIG. 117).

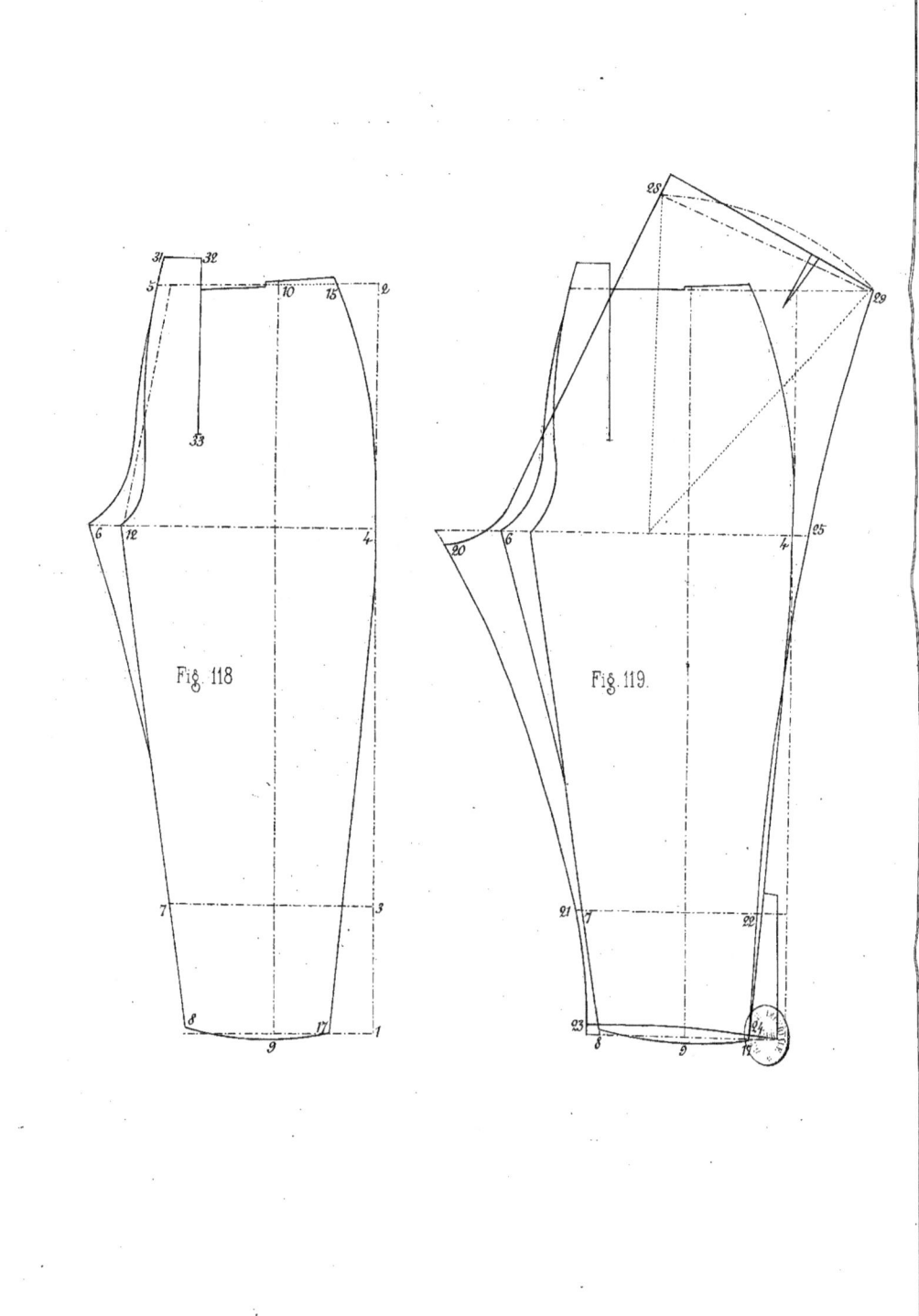

Fig. 118.   Fig. 119.

CULOTTE DE COUR

La culotte de cour doit être coupée 2 ou 3 centimètres plus longue que la mesure, afin de pouvoir plier les genoux ; car si on la faisait juste à la longueur donnée, comme elle ne peut remonter, puisqu'elle est serrée et retenue au bas du genou, elle gênerait et empêcherait de s'asseoir. Cela est si essentiel qu'il est indispensable de prendre la mesure de renversement indiquée à la page 70, pour bien s'assurer de la grosseur de la fesse afin de donner assez de renversement.

Cette culotte officielle, qui ne se porte qu'à la cour, se trace du haut comme le pantalon ordinaire. Le petit pont doit dépasser la ligne de 3 à 4 cent., sa largeur doit avoir 4 à 5 cent. en haut, de 31 à 32 (FIG. 118), et 16 à 18 cent. d'ouverture de 32 à 33. Pour la largeur du bas, le devant et le derrière réunis doivent avoir, pour jambes droites, en dedans de la ligne d'aplomb, point 9, 6 cent. de plus qu'au dehors. Le devant en dehors, de 9 à 17, doit être aussi large que le derrière, afin que la boucle qui ferme le bas soit bien juste sur le côté de la jambe. Le derrière, de 22 à 24 et de 21 à 23 (FIG. 119), doit être tendu de chaque côté du jarret, et creusé en travers. Le devant doit être sorti et faire le rond en travers, ainsi qu'il est représenté par la courbe 8-17 (FIG. 118). Ce rond doit être soutenu dans la jarretière afin d'emboîter le genou.

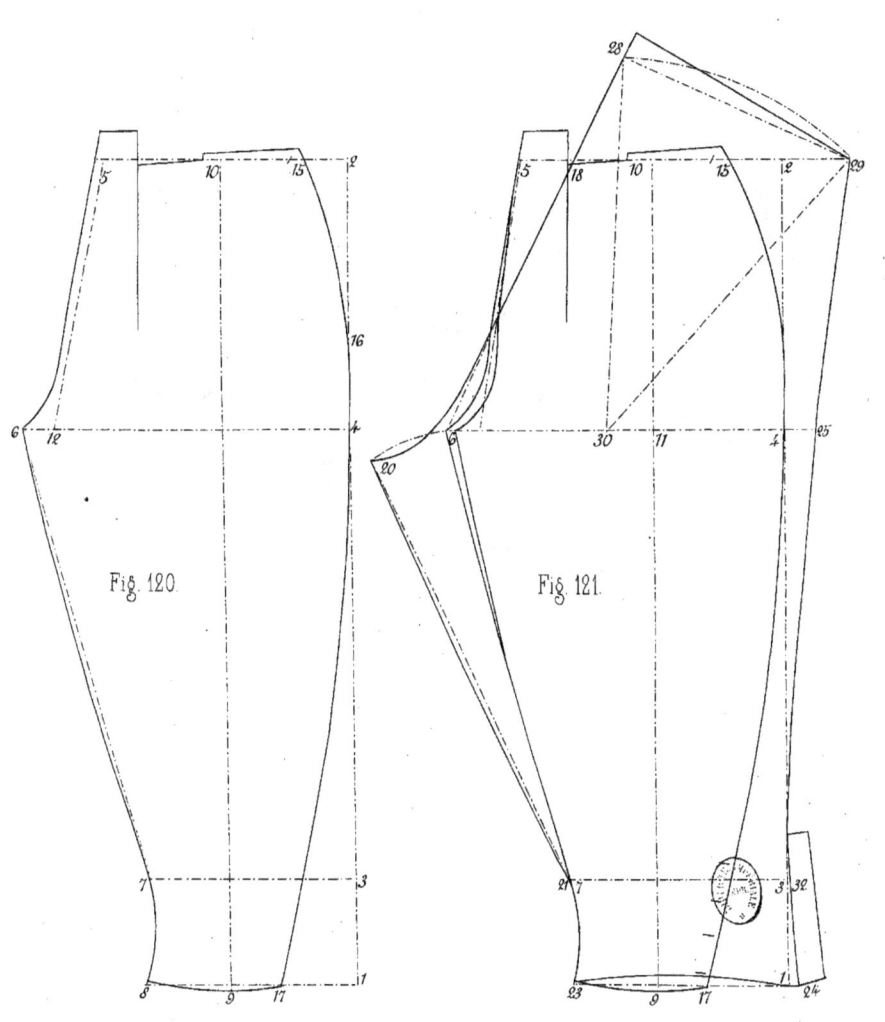

Fig. 120.　　Fig. 121.

CULOTTE DE LIVRÉE

Ce genre de culotte doit se faire de 2 centimètres plus haut que la hanche, et doit avoir 4 à 5 cent. de plus que la longueur donnée, afin, quand elle est serrée au genou, qu'elle casse et fasse des plis au-dessus. Mettez 1/4 de gr. du bassin au devant, de 2 à 10 et de 1 à 9 (FIG. 120). La fourche du derrière doit avoir 1 ou 2 cent. de plus. de 6 à 20, que le pantalon ordinaire ; il faut mettre en haut 6 cent. de 5 à 18, pour qu'il y ait 2 cent. de plus de renversement, afin que la personne soit parfaitement à son aise. Le point 28 doit avoir aussi 2 ou 3 cent. de plus de hauteur. Il y a des maîtres qui veulent que la culotte de livrée soit large ; dans ce cas, on met un peu de rond au dedans de la jambe, depuis la fourche jusqu'au genou, ainsi qu'il est représenté sur la FIG. 121 ; autrement, on la trace comme à l'ordinaire. Il faut mettre la moitié de la largeur du bas en dedans du point 9, et l'autre moitié en dehors, afin que le bas de cette culotte soit plus écarté ; et, comme le plus généralement l'ouverture doit être portée plutôt sur le devant de la jambe que sur le derrière, on doit abattre le bas du devant sur le côté et faire fournir le derrière.

GUÊTRES

Pour la guêtre, il faut mesurer la grosseur du coude-pied ; prendre la largeur du bas suivant le désir du client. On doit prendre également la grosseur du bas de la jambe pour une petite guêtre, et la grosseur du mollet et du jarret pour une grande. Le tracé de la guêtre (FIG. 123) se fait ainsi qu'il suit : Tracez la ligne 1-2, d'une longueur égale à la longueur que vous avez prise. De 1 à 3, mettez 1/4 de la gr. du coude-pied, que nous supposons ici être de 36 cent., dont le quart nous donne 9 cent., que vous mettez de 1 à 3 et le 1/3 de cette distance, qui fait 3, de 1 à 4. Tirez les lignes d'équerre 3-5 et 4-8. Mettez votre 1/2 de grosseur de coude-pied de 1 à 5, ce qui donne 18 cent., puis élevez sur ce point 5, la ligne d'équerre 7-6. De 7 à 8, mettez 1/4 de grosseur, qui fait 9 pour 36. Rentrez un cent. au point 6 et tracez la courbe 6-5-8. Si le point 8 ne se trouve pas assez avancé pour votre mesure, vous prolongez la courbe un peu plus loin que la ligne. Mettez ensuite la largeur suivant votre mesure, de 6 à 9. La grande guêtre (FIG. 125) se trace de même, en mettant la gr. du jarret et du mollet suivant la mesure, mais en partant du devant, c'est-à-dire que la ligne 5-10 ne change pas.

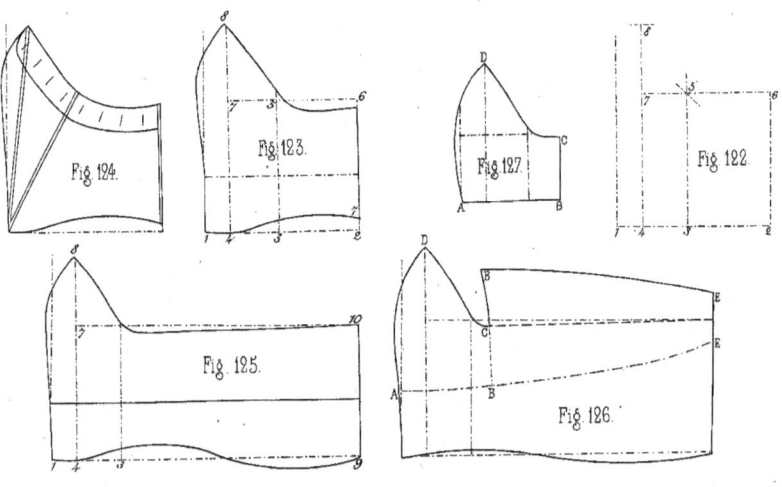

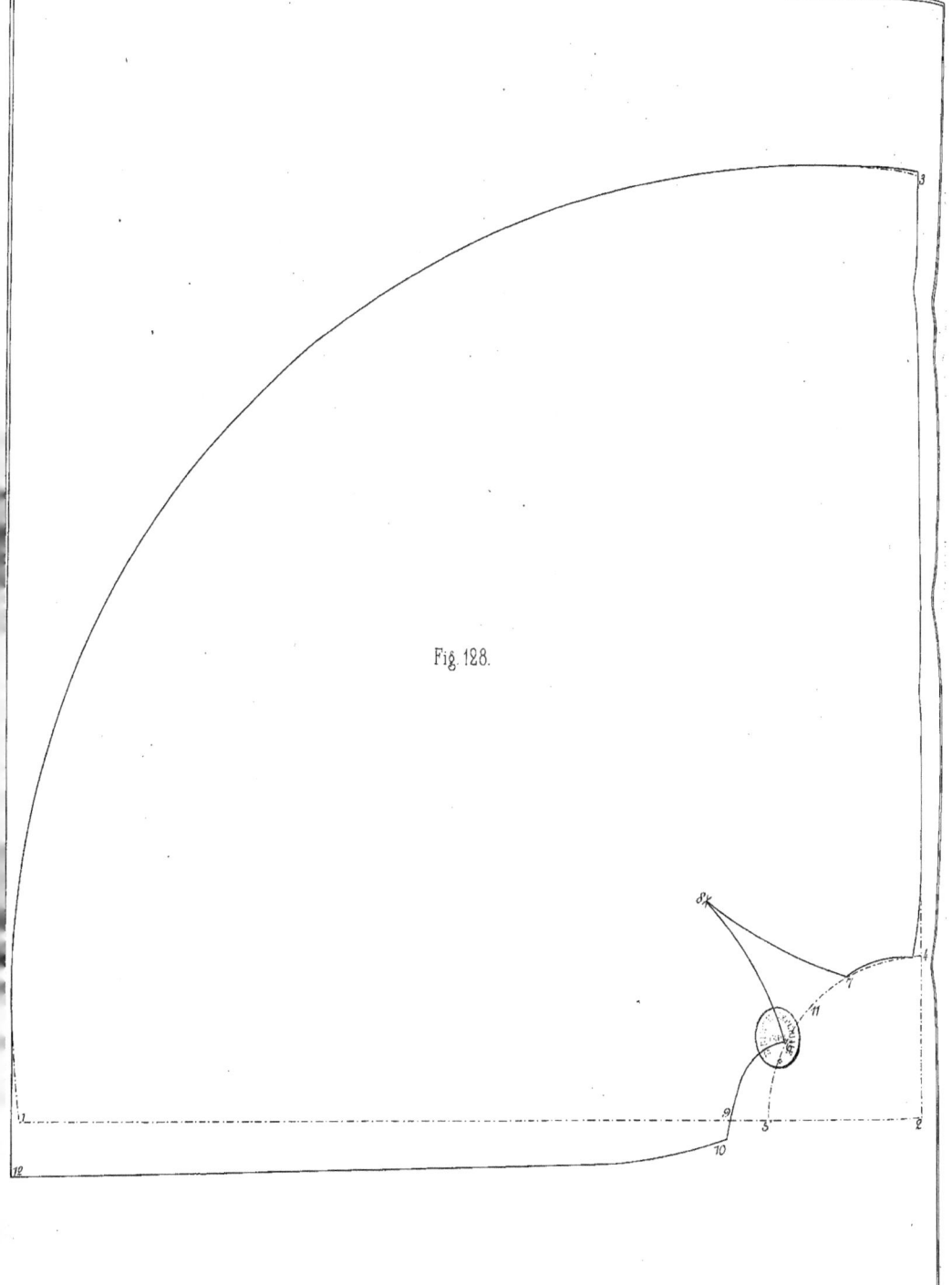

Fig. 128.

MANTEAUX

Pour faire le manteau représenté FIG. 128, tracez la ligne droite 1-2, puis la ligne d'équerre 2-3. De 2 à 4, mettez 1/3 de gr. de poitrine. Prenant le point 2 pour centre et 4 pour rayon, décrivez la courbe 4-5. De 5 à 6 ajoutez 1/6, et la même valeur de 4 à 7 ; puis prenez le point 7 pour centre, et tirez l'arc 8 à 1/3 de grosseur. Prenez après le point 6 pour centre, et tirez à la même distance un second arc au point 8, qui coupe le premier. Ayant ainsi fixé le point 8, tracez les courbes 7-8 et 8-6, qui forment ainsi un suçon pour emboîter l'épaule. Vous tracez ensuite l'encolure du dos et l'encolure du devant, de 6 à 10, en passant par le point 9, qui se fait 4 cent. plus bas que le point 5, ainsi que sur la FIG. 128. De 9 à 10 ajoutez 2 cent. Le point 11 se fait au milieu des points 6 et 7. De 4 à 3, vous mettrez la longueur que vous voulez donner à votre manteau. Vous prenez le point 11 pour centre et 3 pour rayon, vous tracez la courbe 3-12 pour le bas et enfin la ligne 10-12 pour le devant, en sortant de la ligne droite, 2 cent. en haut, 4 à la poitrine et autant au bas. (Voir la FIG. 128.)

MANTEAU ROND

Pour ce manteau (FIG. 129), tracez la ligne 1-2. De 2 à 3, mettez la longueur que vous désirez avoir pour le derrière. De 3 à 4, mettez 1/7 de la largeur d'encolure, que vous prenez sur le pied du collet d'un vêtement que l'on mettra en dessous. Supposez 56, dont le 1/7 fait 8, que vous mettez de 3 à 4. Prenant 4 pour centre et 3 pour rayon, décrivez la courbe 3-5, pour l'encolure, à laquelle vous abattez un cent. en avant, point 5, et montez un peu le derrière 3. Faites le point 6, 2 cent. en arrière du milieu de la courbe d'encolure, et prenez-le pour centre pour faire la courbe 2-1.

Si vous désirez un manteau moins large, tel que vous en voyez un représenté sur cette Figure, faites le point 7 à 3 cent. du point 4 ; ce point 7 sert de centre pour l'encolure 3-8. Faites le point 9 à un cent. du point 6, et prenant ce point 9 pour centre et 2 pour rayon, décrivez la courbe 2-10. Si vous le faites plus étroit, il faut un suçon sur l'épaule.

Ces deux manteaux se coupent à drap ouvert et à poil par derrière.

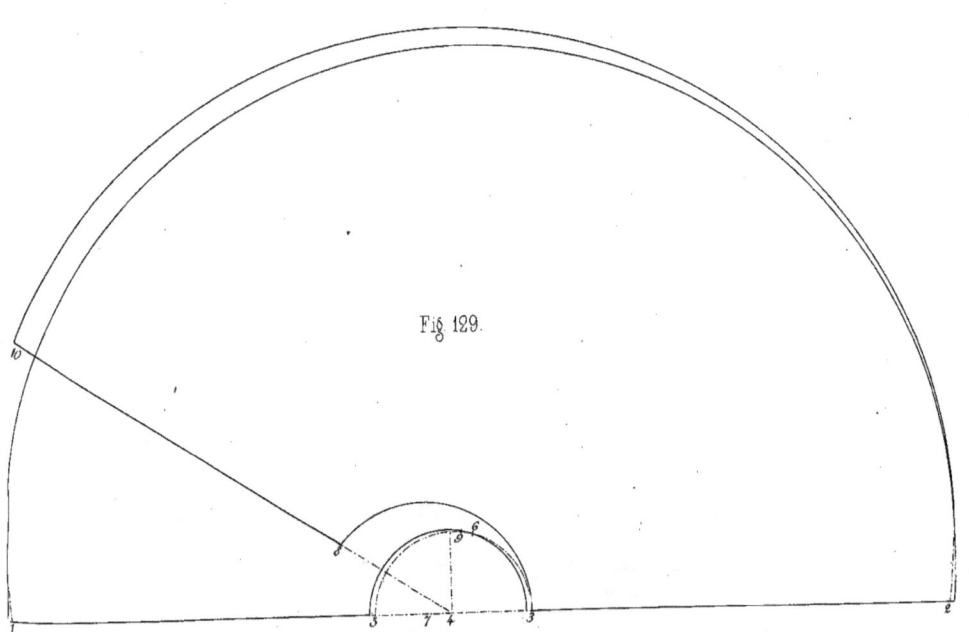

Fig. 129.

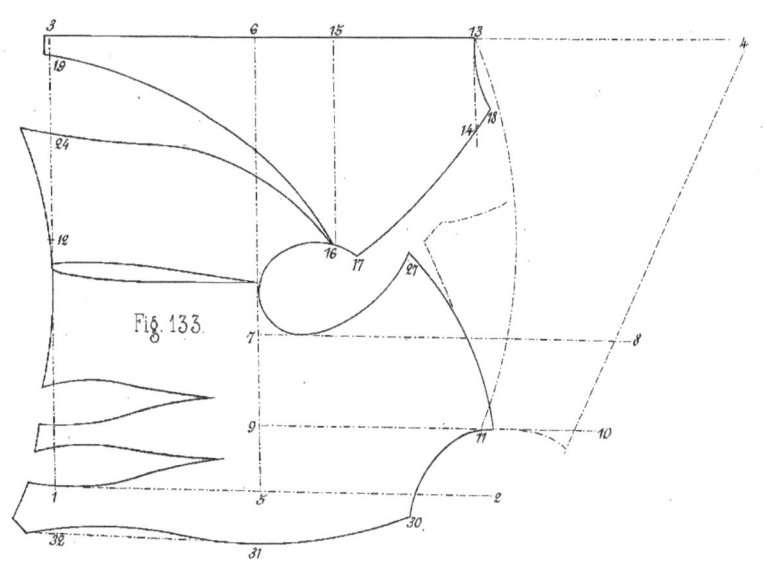

Fig. 130. Fig. 131. Fig. 132.

Fig. 133.

AMAZONE

Les mesures de l'amazone sont les mêmes que pour un vêtement d'homme. La grosseur de poitrine, sur laquelle on coupe, se prend aussi juste, et autant que possible, au-dessus des seins ; puis après, en passant par-dessus, afin de connaître leur développement. Un point essentiel, dans le corsage de dame, est la position exacte des nervures ou suçons. Or, comme chaque dame a les seins plus ou moins hauts, il est indispensable, pour bien placer les nervures, de prendre la hauteur exacte des seins. Pour cela, placez le cent. au milieu du haut du dos et faites-le descendre jusqu'au sommet du sein.

Pour l'amazone (FIG. 133), tracez les lignes 1-2, 1-3 et 3-4, comme pour un autre vêtement. De 1 à 5, mettez 2 cent. de moins que la 1/2 de gr. de poitrine, parce qu'il faut que le corsage de dame soit bien juste sur la taille. Pour l'avancement du bras, qui, en raison du développement de la poitrine, est généralement moindre que celui de l'homme, vous mettez 2 cent. de moins que les 2/3, soit 30 pour 48. De 7 à 9, mettez 1/5 de gr.; vous faites ainsi avancer l'épaulette juste, ce qui est nécessaire pour ce genre de vêtement, qui se porte bien colleté et boutonné. De 9 à 10, il faut, pour la profondeur, 2/3 de gr. et 1/2 centimètre de plus. De 1 à 12, la 1/2 et 1/16, soit 27 pour 48. Au haut du dos, 1/6, de 13 à 14. La carrure se fait 2 cent. de plus large que celle de l'homme, et la petite ligne 16-17 se fait plus longue. La FIG. 133 la représente à 4 cent. pour 48; le haut en est légèrement incliné en avant. L'épaulette du dos se trace par la courbe 17-18, qui se fait aussi creuse, suivant le goût de la personne ; car le devant fournit au dos, qui se fait très-étroit du bas, et un peu droit du côté, tel que vous le représente la FIG. 133. Puis, découpant le dos, vous le placez sur la ligne 10-4, comme pour toute autre pièce, et vous tracez l'épaulette suivant le dos, en laissant une ouverture d'un cent. à l'encolure et 2 à l'emmanchure, comme sur cette Figure; de sorte que le devant ne touche le dos qu'au milieu. Tracez ensuite l'emmanchure, comme vous la voyez représentée. De 5 à 29, mettez la moitié de la profondeur. De 5 à 31, sortez 5 cent. ainsi que de 1 à 32, et la moitié de cette mesure en haut. de 29 à 30. Tracez ensuite la ligne du devant, en partant du point 30, et en passant par 31 et 32 ; creusez légèrement de 31 à 32. Mesurez votre largeur de taille après avoir rapproché le dos du petit côté, et retirez la largeur que vous aurez en plus que votre grosseur de taille par deux suçons, comme l'indique cette FIG. 133. Quand vos suçons seront assez fortement prononcés et qu'il vous restera encore de la largeur à ôter, vous la supprimerez par le suçon du dessous du bras qui marque le petit côté ; mais il ne faut jamais enlever plus de deux cent. 1/2 à cet endroit. Vous pourrez également rentrer le dessous du bras, jusqu'à 2 cent. 1/2 au plus, quand vous aurez pris la mesure de cambrure, et que cette mesure vous indiquera trop de largeur derrière ; car, comme il ne faut pas que le petit côté soit écarté du dos de plus de 1/6, au lieu de rentrer le petit côté derrière, vous le rentreriez alors sous le bras.

Quand vous ferez un corsage d'étoffe rayée ou de toute autre qui ne se travaille pas au fer, il ne faut pas creuser le devant de 31 à 32 ; vous le feriez alors droit, comme la ligne pointillée.

Les trois Figures 130, 131 et 132 représentent différents modèles de corsages et de basquines, qui sont les plus adoptés par la mode.

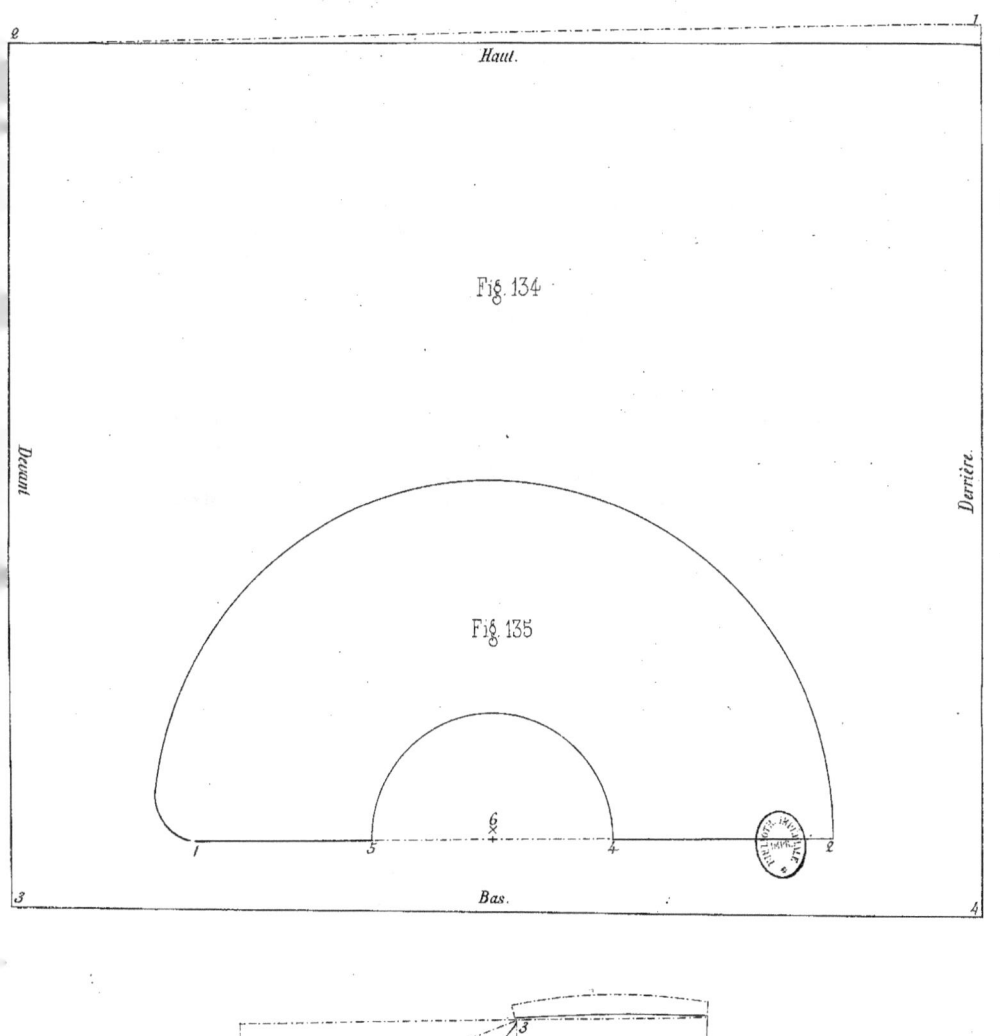

JUPES D'AMAZONE

La FIG. 134 représente la grande jupe d'amazone. Pour obtenir la largeur de cette jupe, vous mettez deux largeurs 1/2 ou 3 largeurs de drap, et, pour la longueur, vous mettez la longueur que vous aurez prise depuis la taille jusqu'au pied, plus 40 ou 50 centimètres, de 2 à 3, afin que la jupe dépasse les pieds lorsque la dame est placée sur le cheval. Le haut du devant s'abat de 2 ou 3 cent. au point 1.

Par-dessus cette grande jupe, l'amazone en porte une petite, assujettie au corsage. Cette petite jupe se fait de différentes façons, dont nous représentons les deux modèles les plus adoptés. Le premier est une petite jupe circulaire (FIG. 135), pour laquelle vous mettez 1/3 de la grosseur de la taille, de 3 à 4. C'est donc 11 cent. pour une gr. de 33. Prenez le point 3 pour centre et 4 pour rayon, et décrivez la courbe 4-5 pour le haut de la jupe. Faites le point 6 à 2 cent. en dedans du point 3, et prenez ce point 6 pour centre, pour faire la courbe du bas.

Pour la basque (FIG. 136) mettez les 3/4 de la grosseur de la taille, de 1 à 2. Nous représentons cette basque pour une grosseur de taille de 34 cent. ; nous mettons donc 25 1/2, pour les 3/4, de 1 à 2. Mettez ensuite 1/4, qui fait 8 1/2, de 2 à 3, et 4 cent. de 5 à 4. Le pli de cette basque se trouve monté à une autre petite basque que l'on laisse au dos comme à un habit.

La FIG. 137 représente un corsage d'amazone, avec épaulette de dos creuse et à revers, à 41 cent. de grosseur.

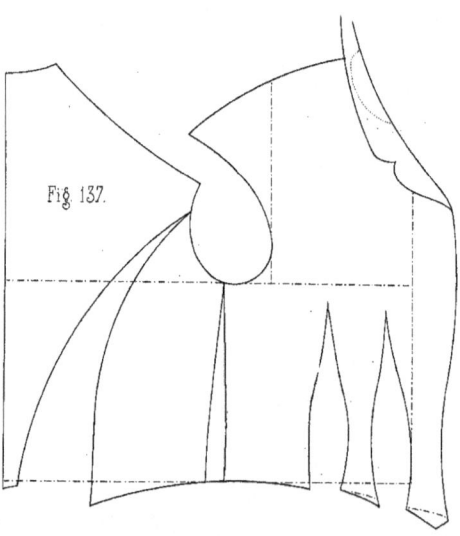

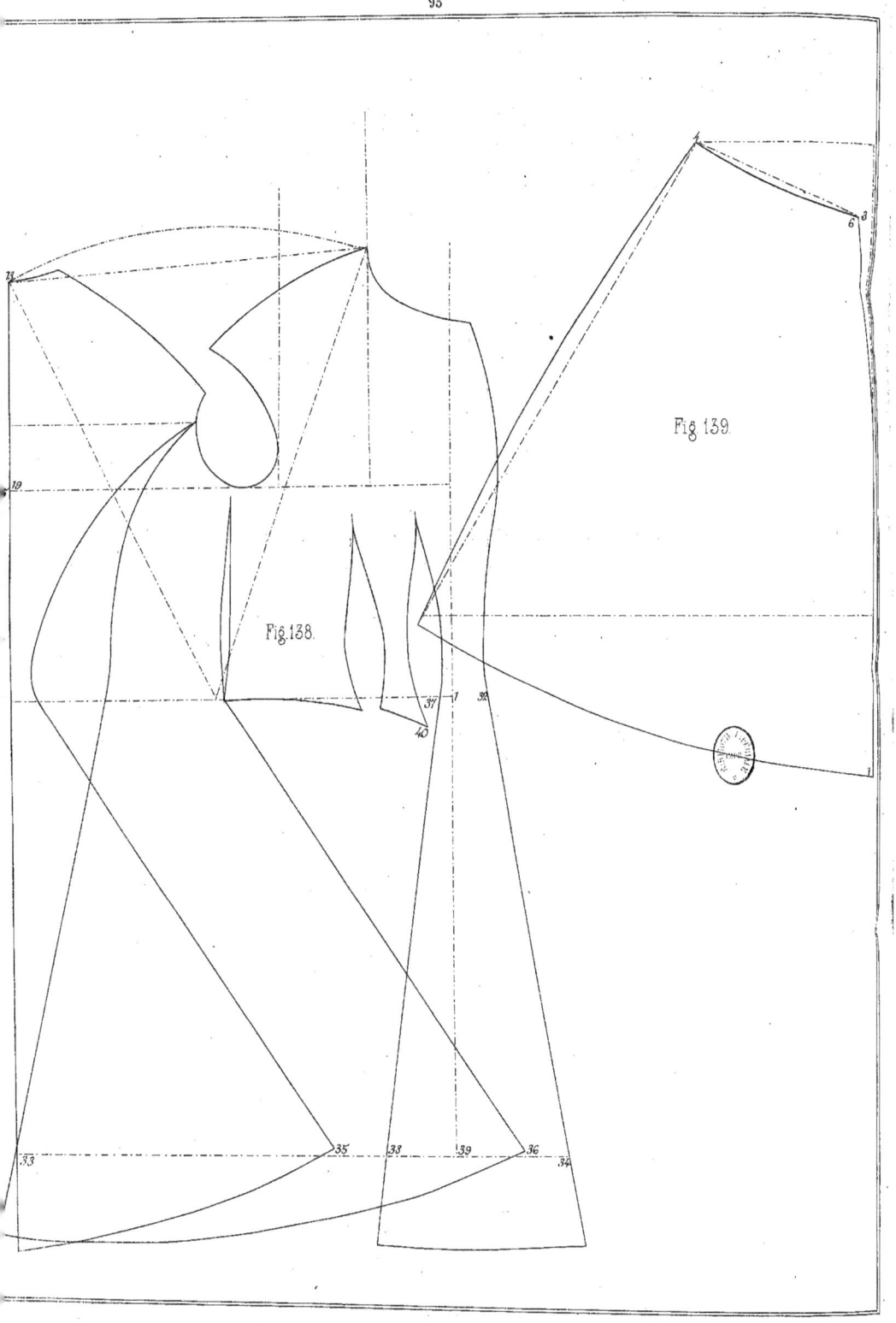

PINCE-TAILLE

Pour ce genre de vêtement, le corsage étant parfaitement ajusté, il est utile, autant que possible, de prendre les mêmes mesures que pour l'amazone. Le haut se trace exactement par les mêmes principes. La taille se fait courte ; le dos, à la taille, prend 3 ou 4 cent. pour une grosseur de 48, et s'élargit un peu de 3 à 19 (FIG. 138). De 3 à 33, mettez la grosseur de poitrine, et tirez une ligne d'équerre, qui dépasse le devant de 33 à 34. Le milieu du dos se fait tout droit et sans couture au pli du drap. Pour le côté du dos, de 33 à 35, mettez 2/3 et tracez la ligne 19-35. Pour le côté, tracez la ligne 24-33, qui se trouve cousue avec le dos 19-35. Pour le dessous du bras mettez 1/6 de grosseur, de 39 à 36, et tracez la ligne 12-36, en la courbant légèrement ; puis, de 39 à 34, ajoutez 1/4 de gr. Tracez le devant 32-34 ; de 39 à 38 mettez 1/6, et faites la ligne 37-38.

Pour la partie de la jupe qui manque et qui doit être rajoutée, de 12 à 40, voyez la FIG. 139. Tracez la ligne 1-2, et la ligne d'équerre 2-4, d'une longueur égale au 1/3 et 1/12, qui fait 20 cent. pour une gr. de 48. De 2 à 3 mettez 1/6, tirez la ligne 3-4, rentrez le point 6 de deux centimètres du point 3. Tracez la courbe 6-4, en la creusant d'un cent. au milieu. De 2 à 7 mettez toute la grosseur ; et élevez la ligne d'équerre d'une longueur égale à la grosseur, et tracez la courbe 4-5.

Ces largeurs sont les plus généralement adoptées ; mais si la personne veut avoir un pince-taille plus ou moins large, vous ajoutez ou vous retrancher de l'ampleur, suivant son désir, mais en ayant soin de le faire également partout.

Ce vêtement est à un rang de boutons placés près du bord. Il se fait aussi à revers ; dans ce cas, vous laissez fournir au haut de quoi faire le rabat du revers.

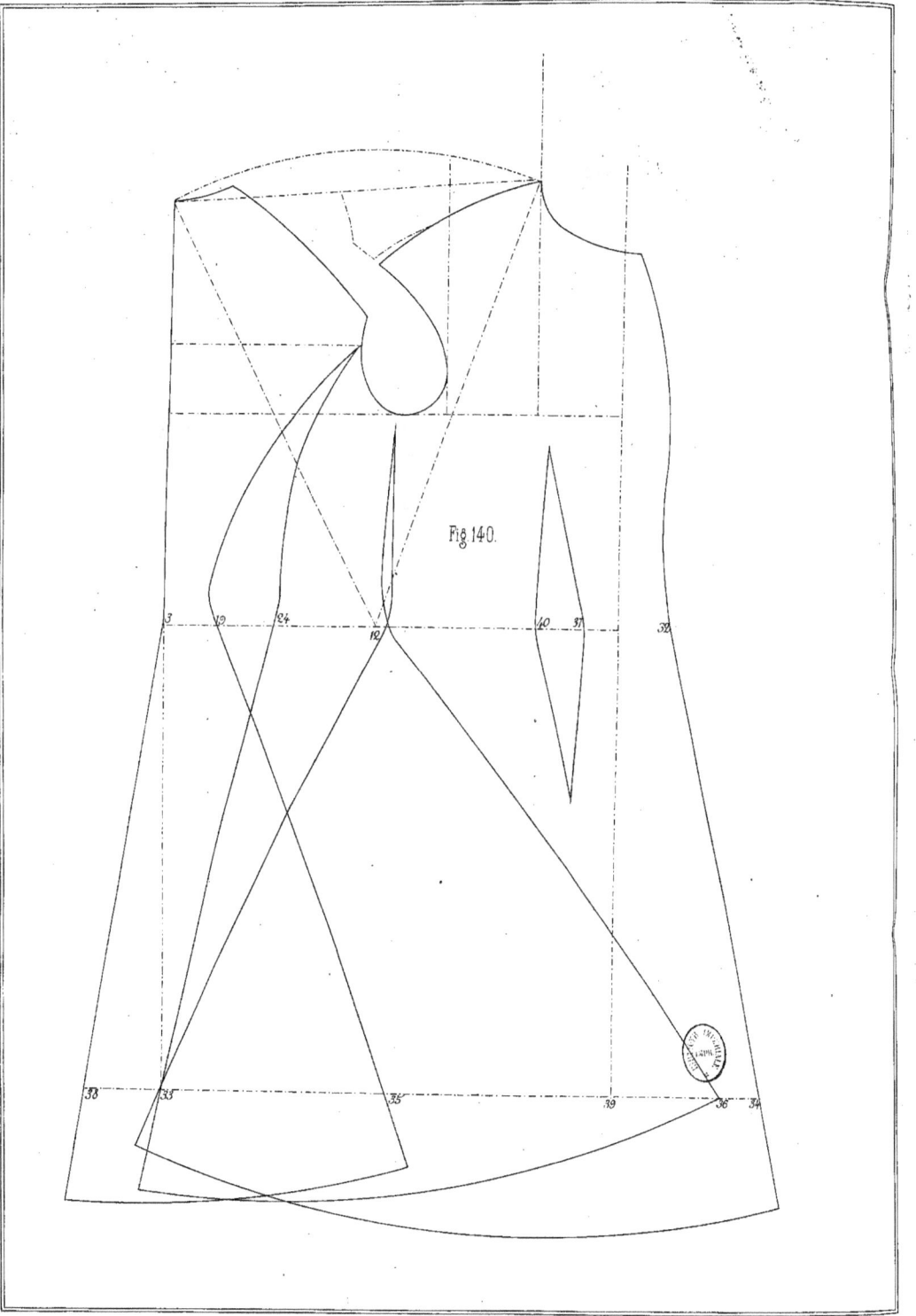
Fig 140.

PARDESSUS DE DAME

Le corsage de ce genre de vêtement est ajusté comme celui de l'amazone, et ne diffère du précédent que parce qu'il flotte légèrement à la taille, qui se fait également courte. Le dos est plus large à la taille, et prend 1/8 de grosseur de poitrine. De 3 à 33, mettez la grosseur de poitrine, et tracez la ligne d'équerre 38-34. Pour le dos, sortez en bas 1/6, de 33 à 38. Il y a une couture au milieu du dos. De 33 à 35, mettez la 1/2 de grosseur, et tracez la ligne 19-35 en la courbant très-légèrement. Pour le côté, tracez la ligne 24-33, et, pour le dessous du bras, la ligne 12-36, en sortant le point 36 du point 39 de 1/4 de grosseur. Pour le dessous du bras du devant, tracez la ligne 12-33. Sur le devant mettez 1/3 de 39 à 34, à la taille 1/8 de 1 à 32, et tirez la ligne droite 32-34. Dessinez ensuite un suçon, tel que vous le voyez représenté à la FIG. 140, que vous faites plus ou moins fort, suivant la grosseur de taille de la personne. Il faut prendre les mesures de ce vêtement par-dessus la robe que l'on doit porter en dessous.

TABLE

	Pages		Pages
Mesures simples	2	Application des mesures exceptionnelles	50
Tracé du corsage	4	Manches; manche de pelisse	52
Homme mince (corsages ayant besoin de suçons)	6	Manche de fantaisie; manche de caban	54
		Caban d'officier; capuchon	56
Homme gros	8	Tracé des gilets	58
Jupes de redingote	10	Gilets à châle et pour homme voûté	60
Dorsay	12	Gilets sans collet et suçonnés	62
Pardessus	14	Gilets divers	64
Paletot 3 coutures	16	Pantalons	66
Paletot-sac (solférino)	18	Pantalon demi-collant	68
Mac-farlan	20	Pantalon collant	70
Pelisse	22	Jambes arquées en dehors	72
Jaquette anglaise, variations de modes	24	Jambes arquées en dedans	74
Uniforme	26	Pantalon pour homme gros	76
Basques d'habits	28	Pantalon droit et changement de coutures	78
Habits de cour	30	Pantalon à la hussarde	80
Robe judiciaire	32	Pantalon à plis	82
Soutane	34	Pantalon à pieds	84
Habit de livrée	36	Culotte de cour	86
Pardessus de livrée : Carrick	38	Culotte de livrée — Guêtres	88
Épaules hautes	40	Manteaux	90
Épaules basses	42	Amazone	92
Tenue renversée	44	Jupes d'amazone	94
Tenue voutée	46	Pince-taille	96
Mesures exceptionnelles	48	Pardessus de dame	98

www.ingramcontent.com/pod-product-compliance
Lightning Source LLC
Chambersburg PA
CBHW070305100426
42743CB00011B/2353